Perso
Nell'abstract

Libro Da Colorare Adulto
Progetta Distensione
& Relax Edition

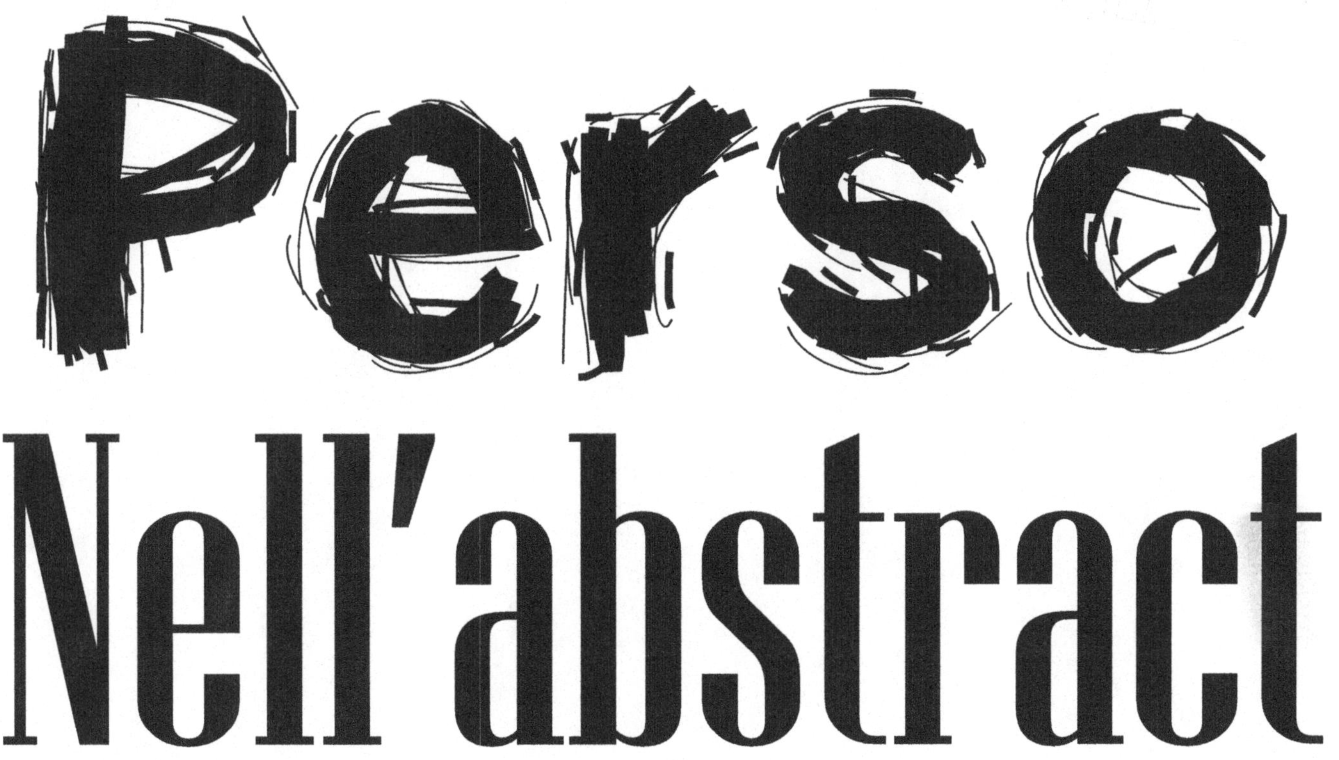

Coloring Bandit

Pubblicato da Speedy Publishing Canada Limited

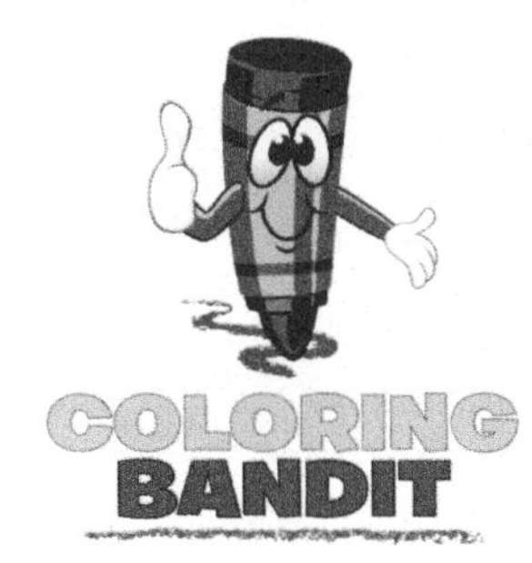

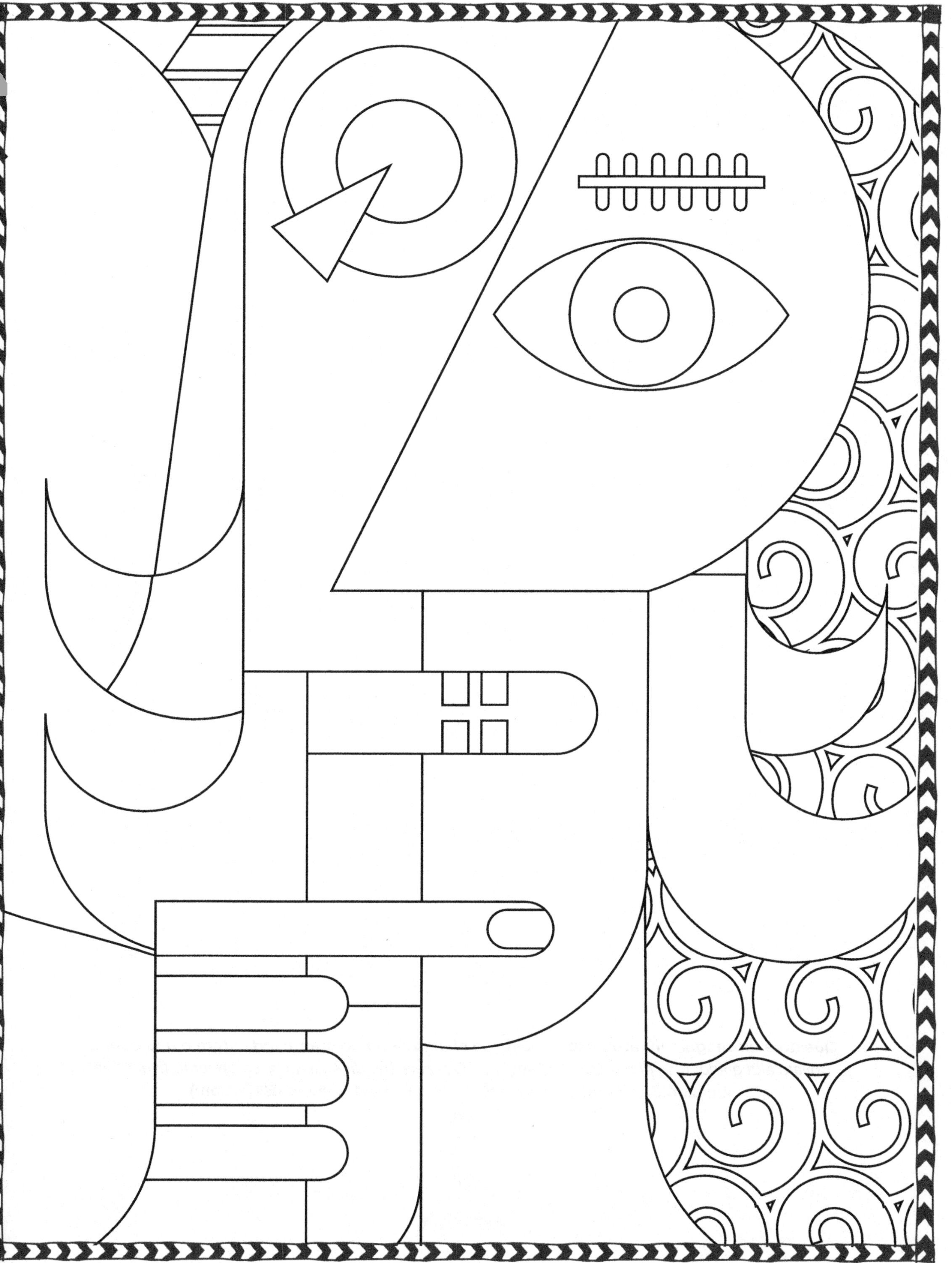

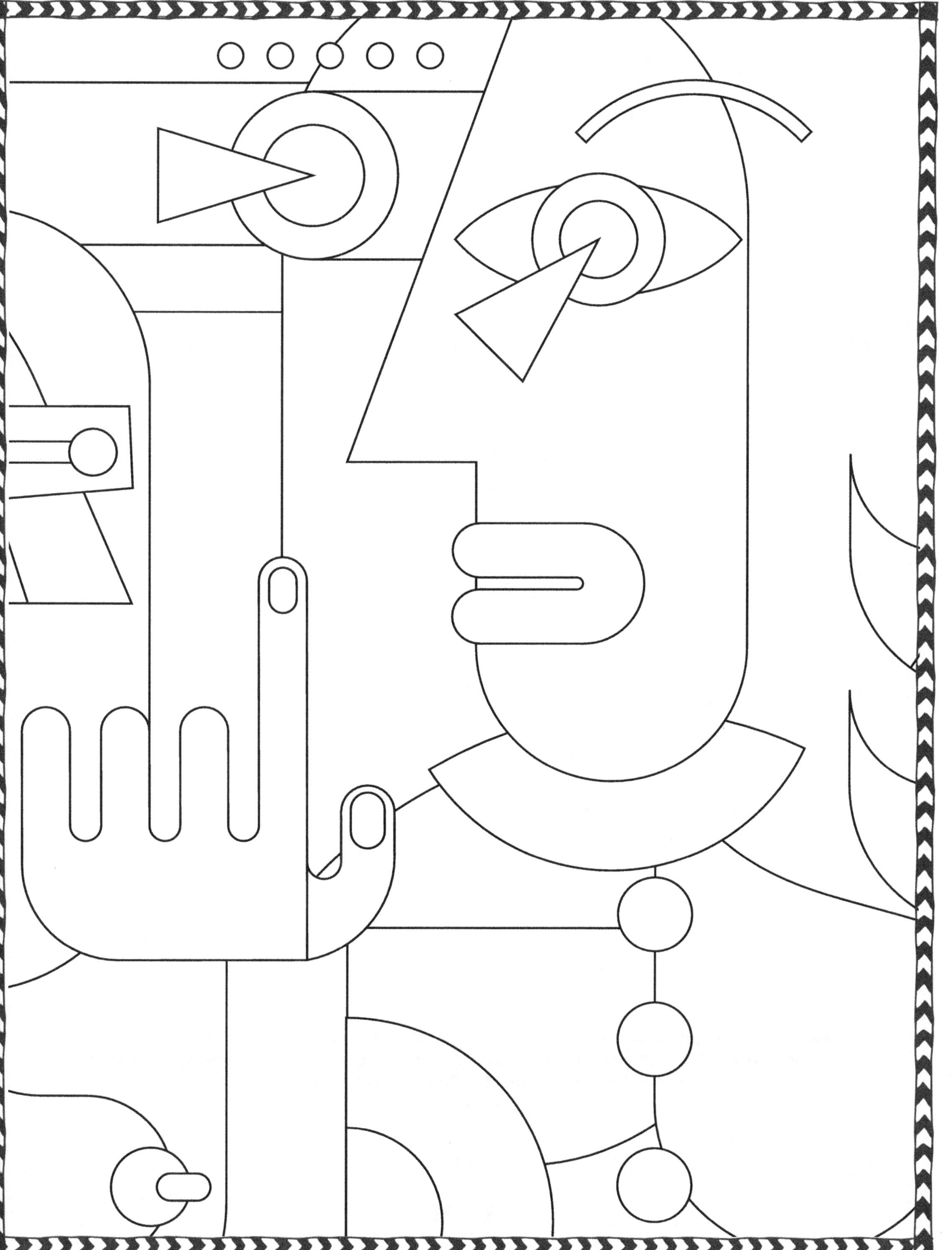

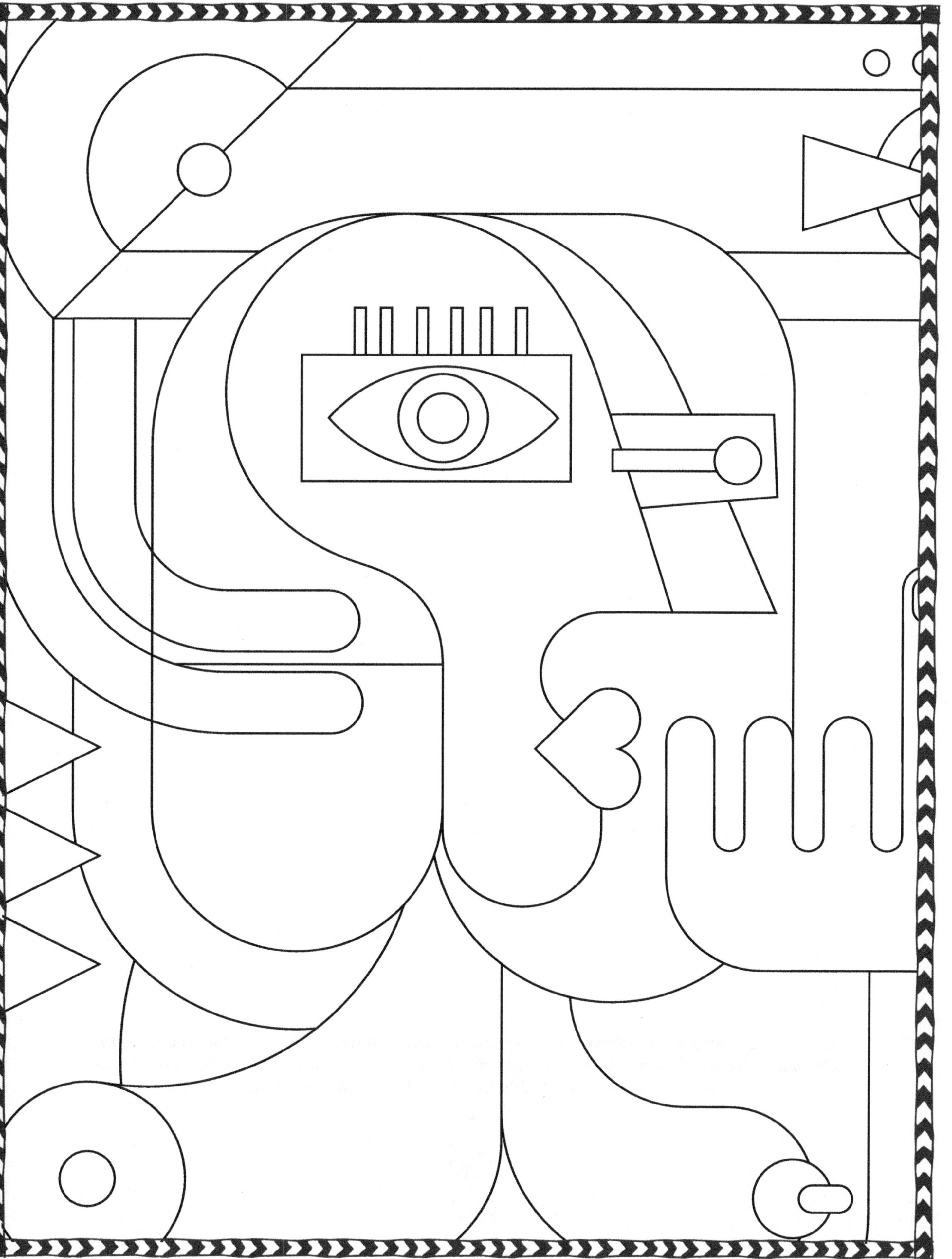

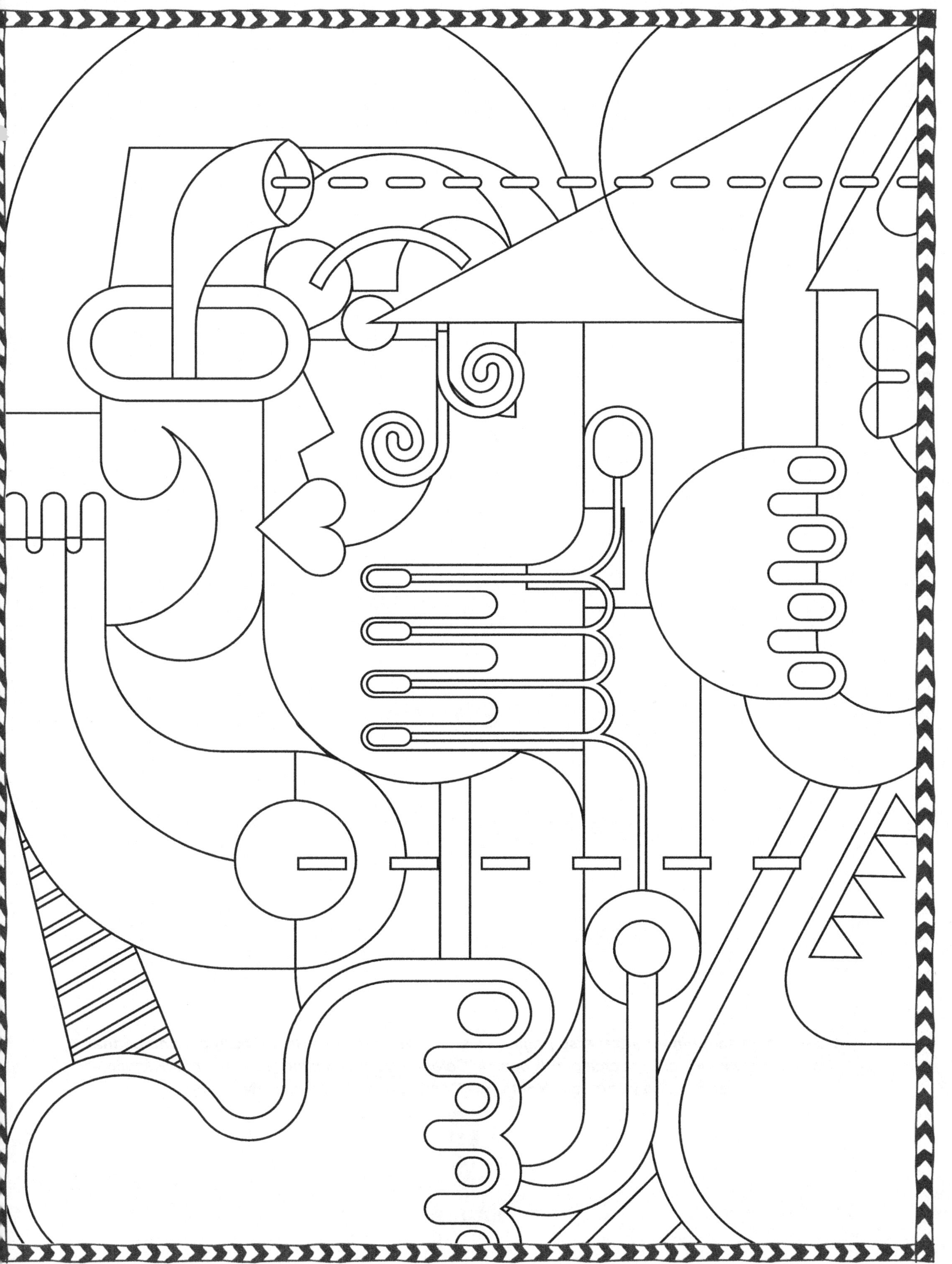

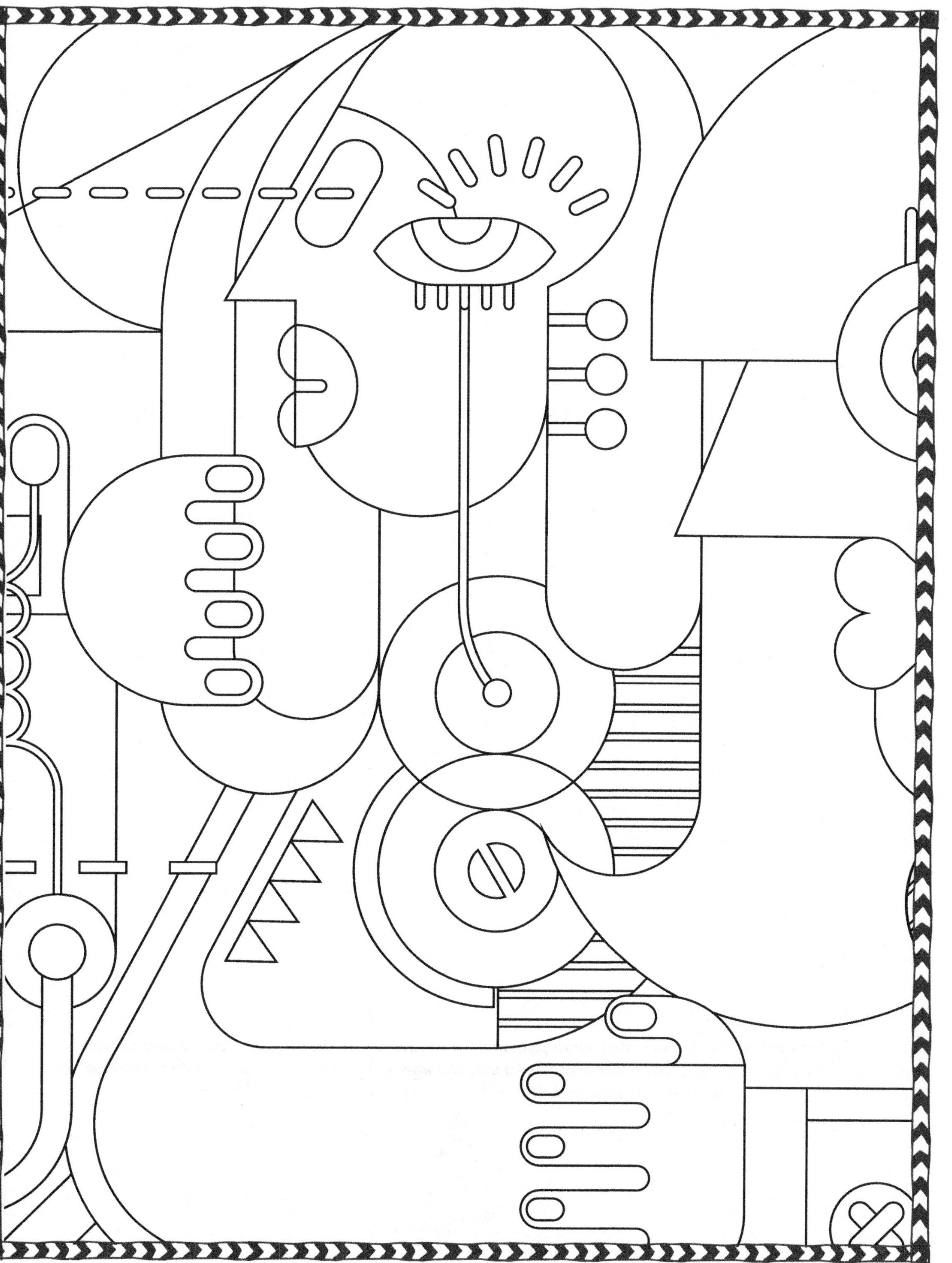

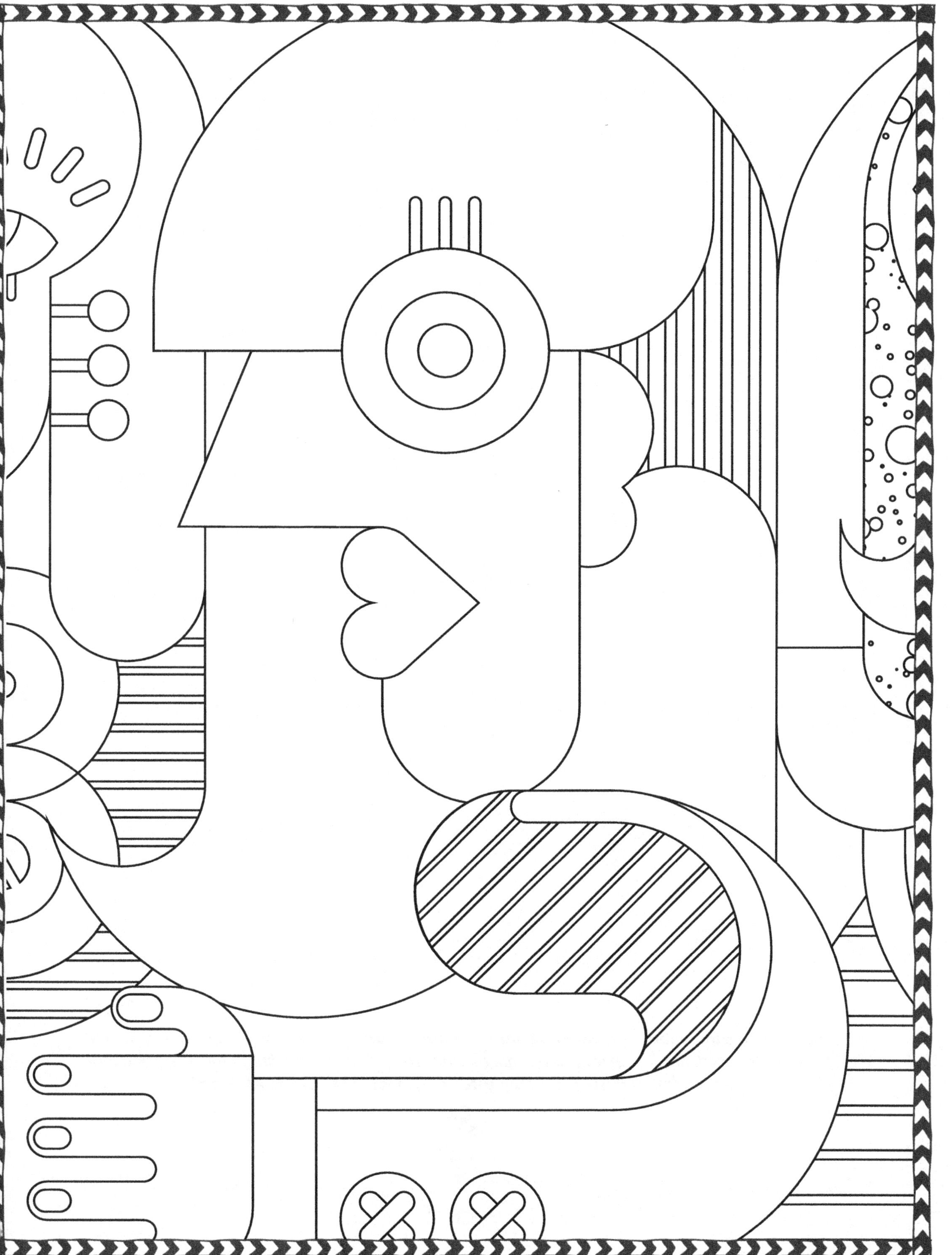

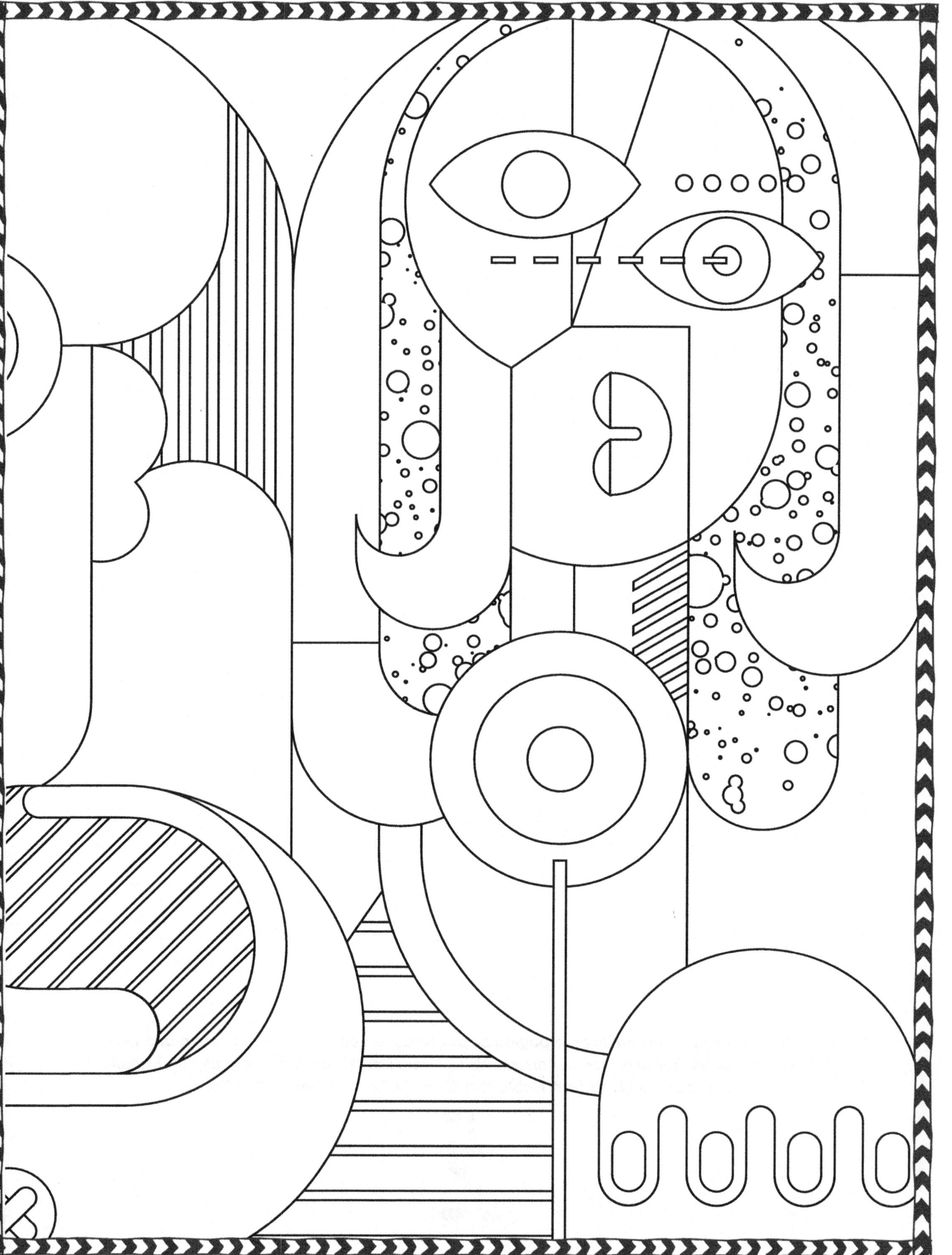

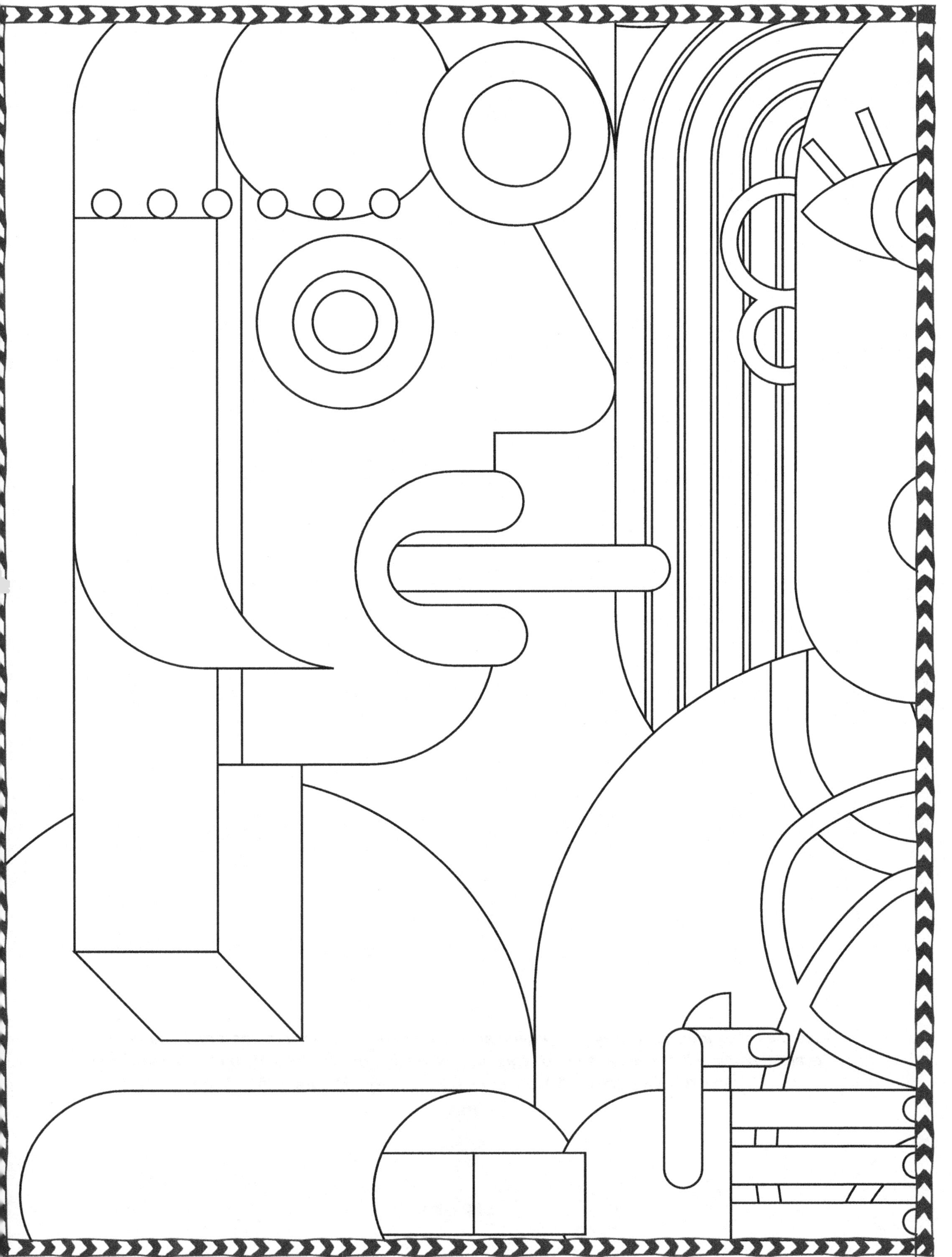

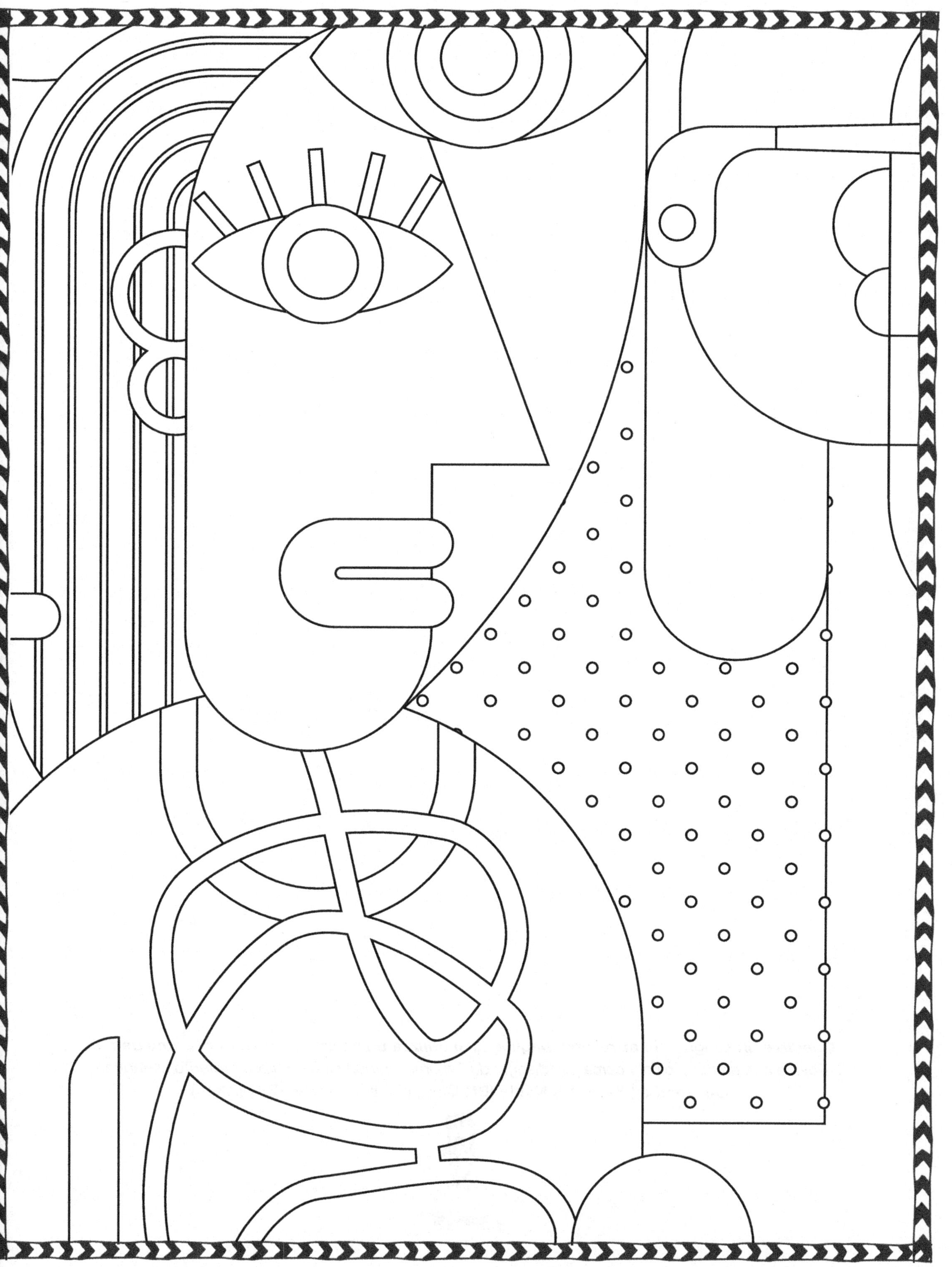

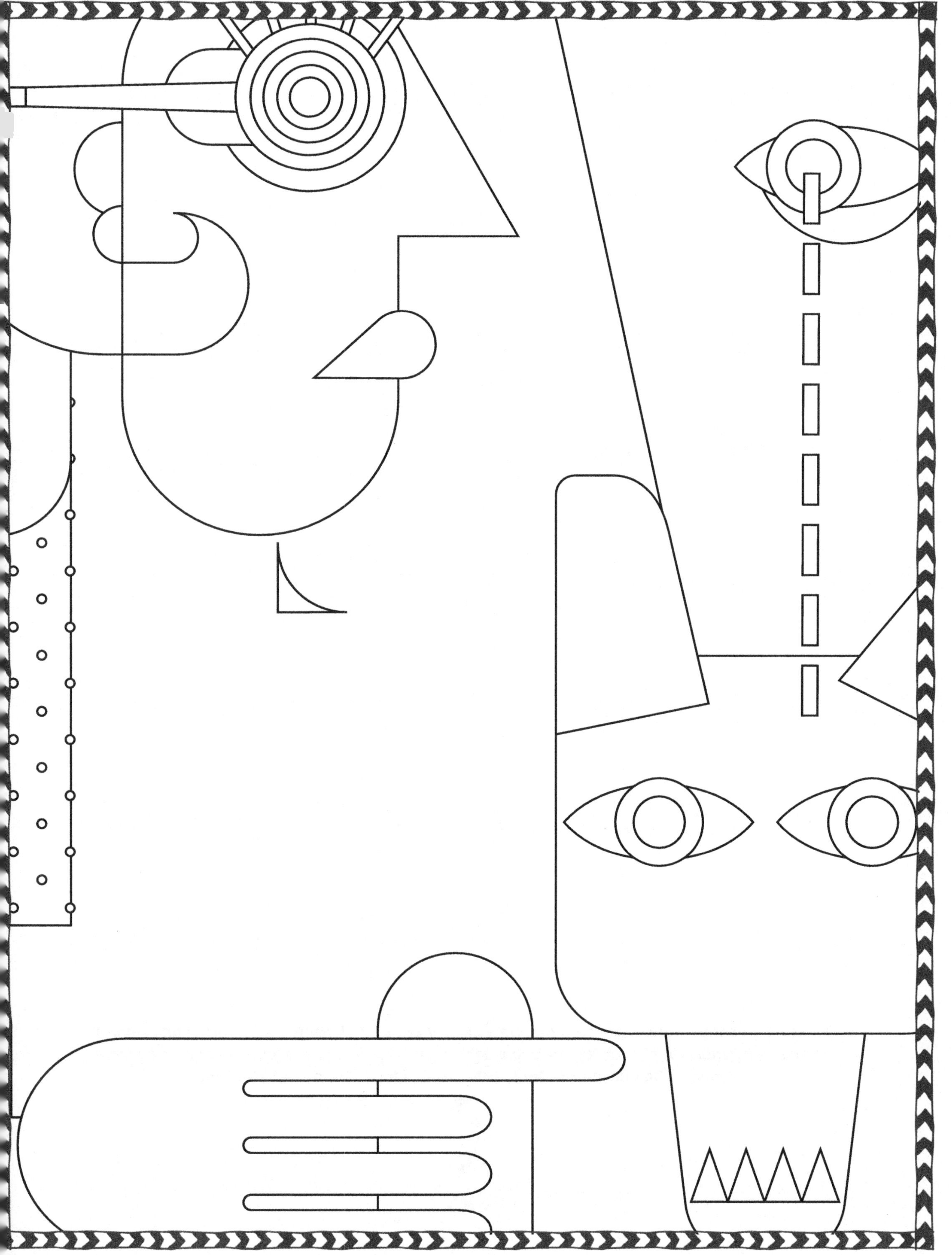

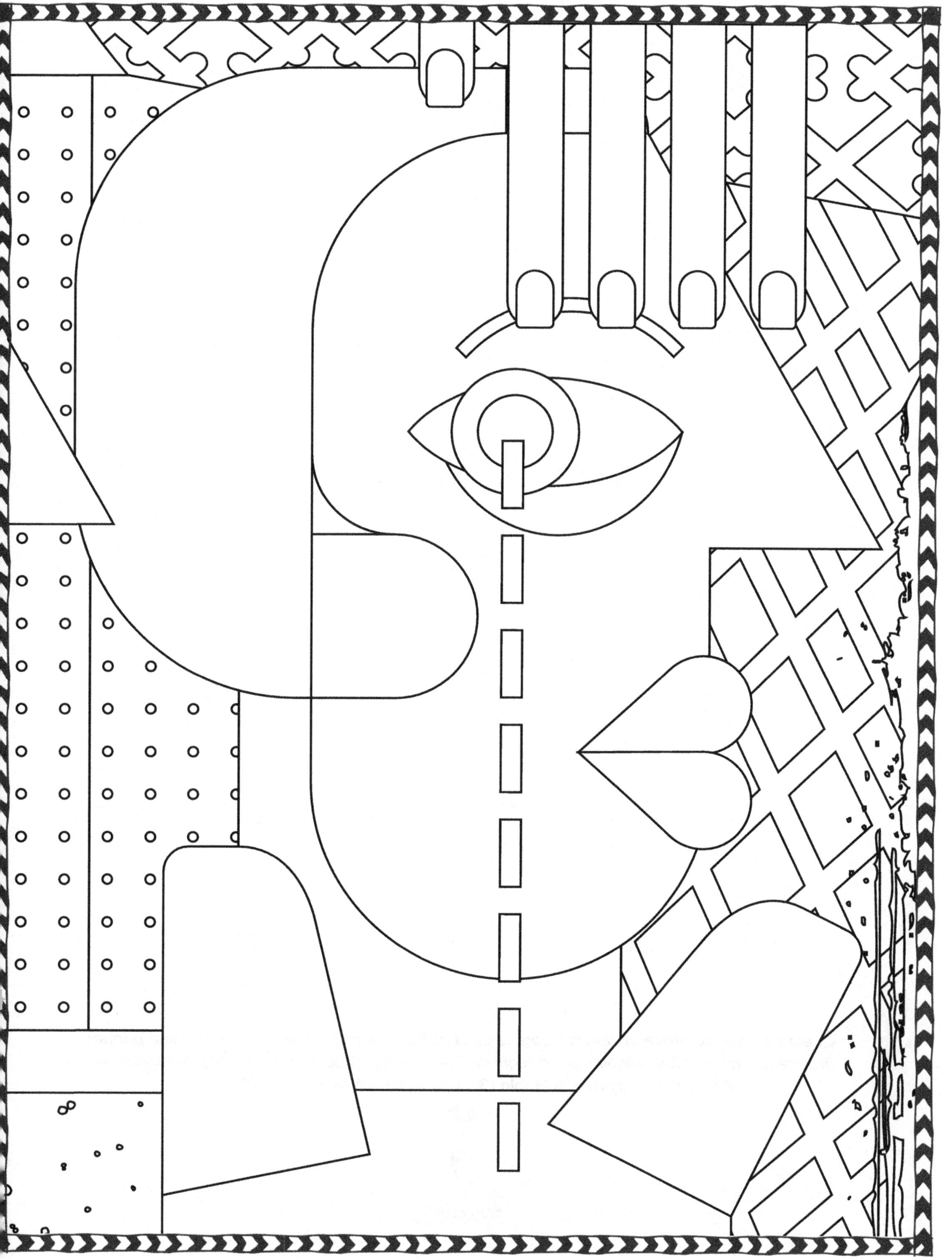

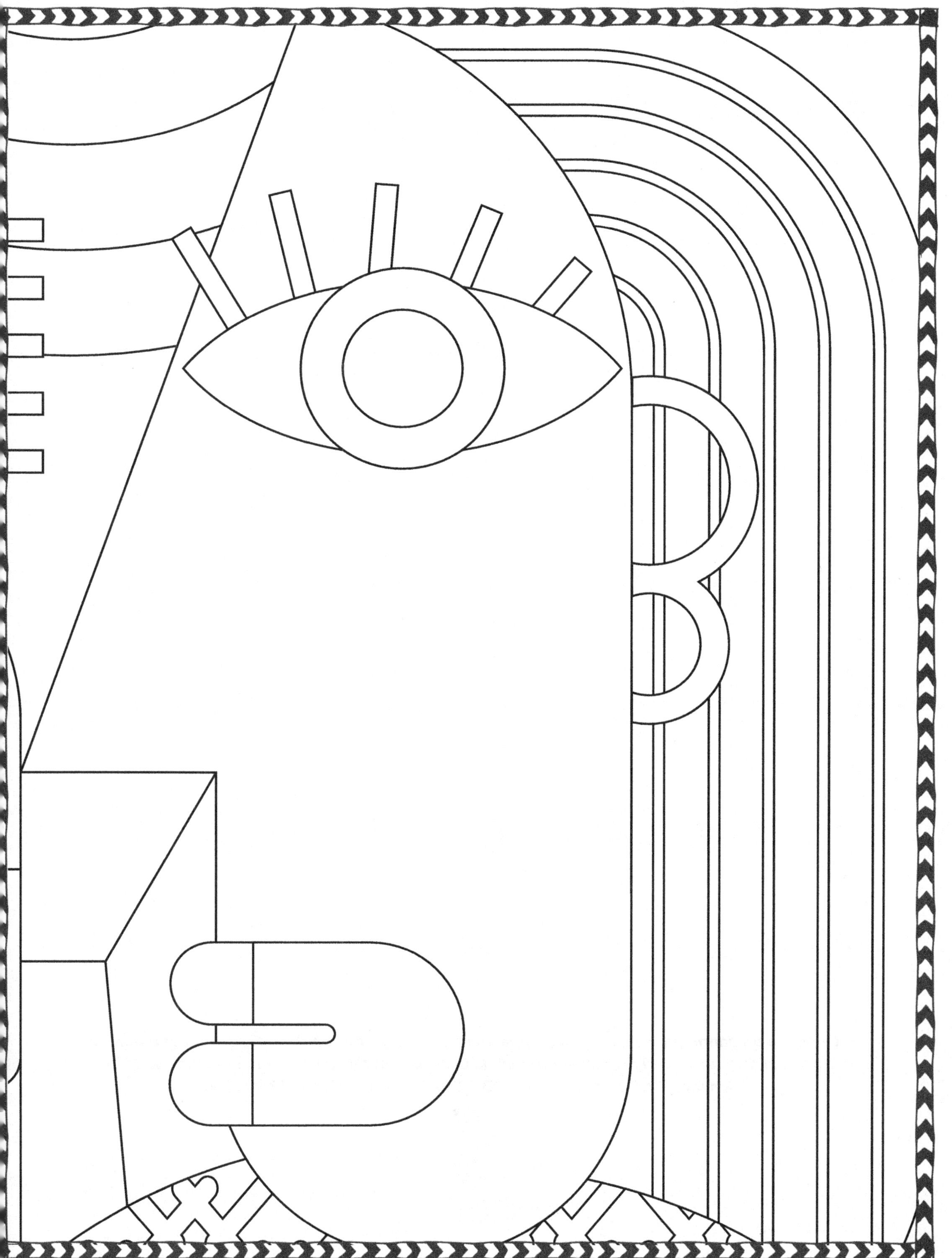

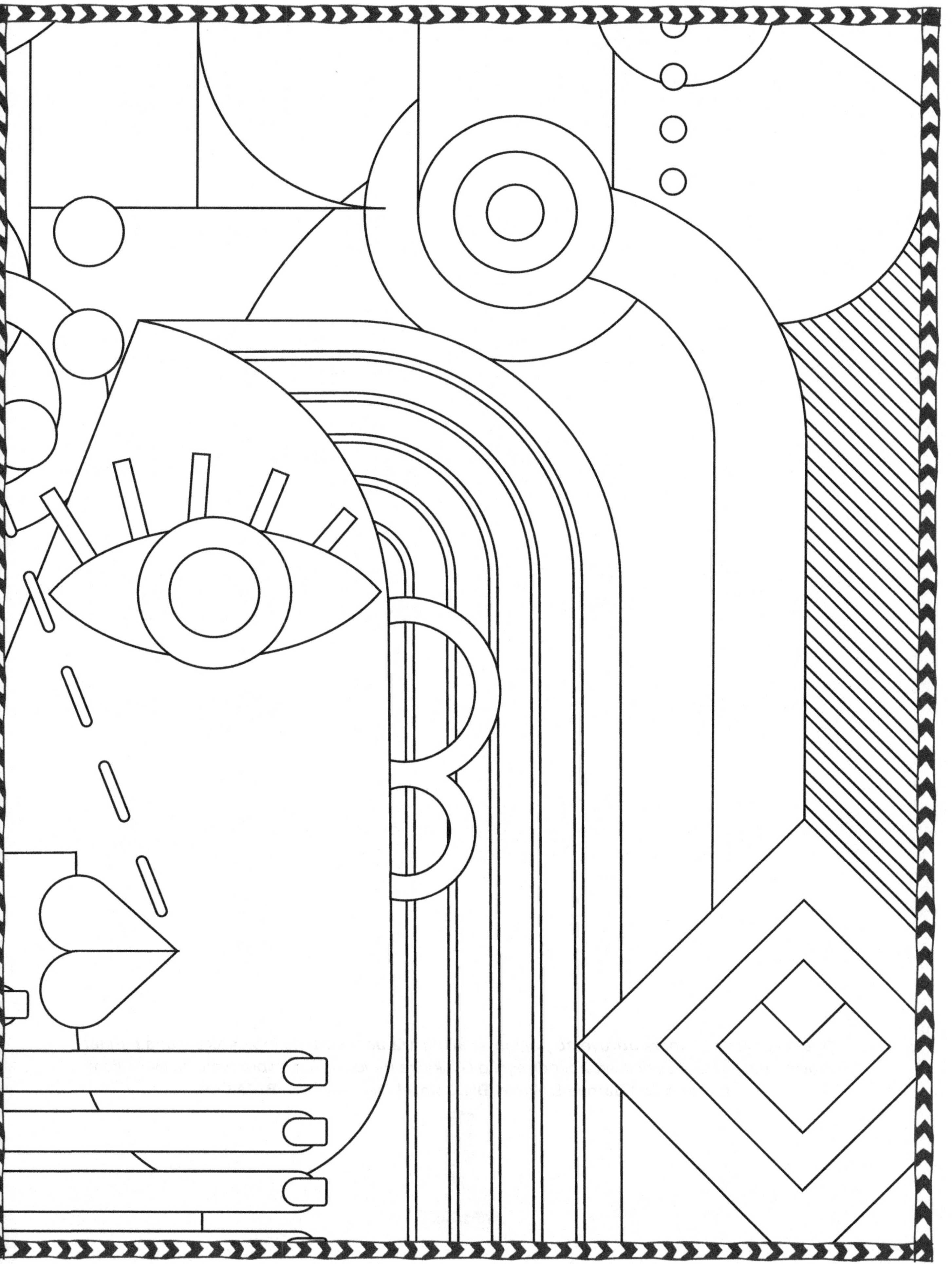

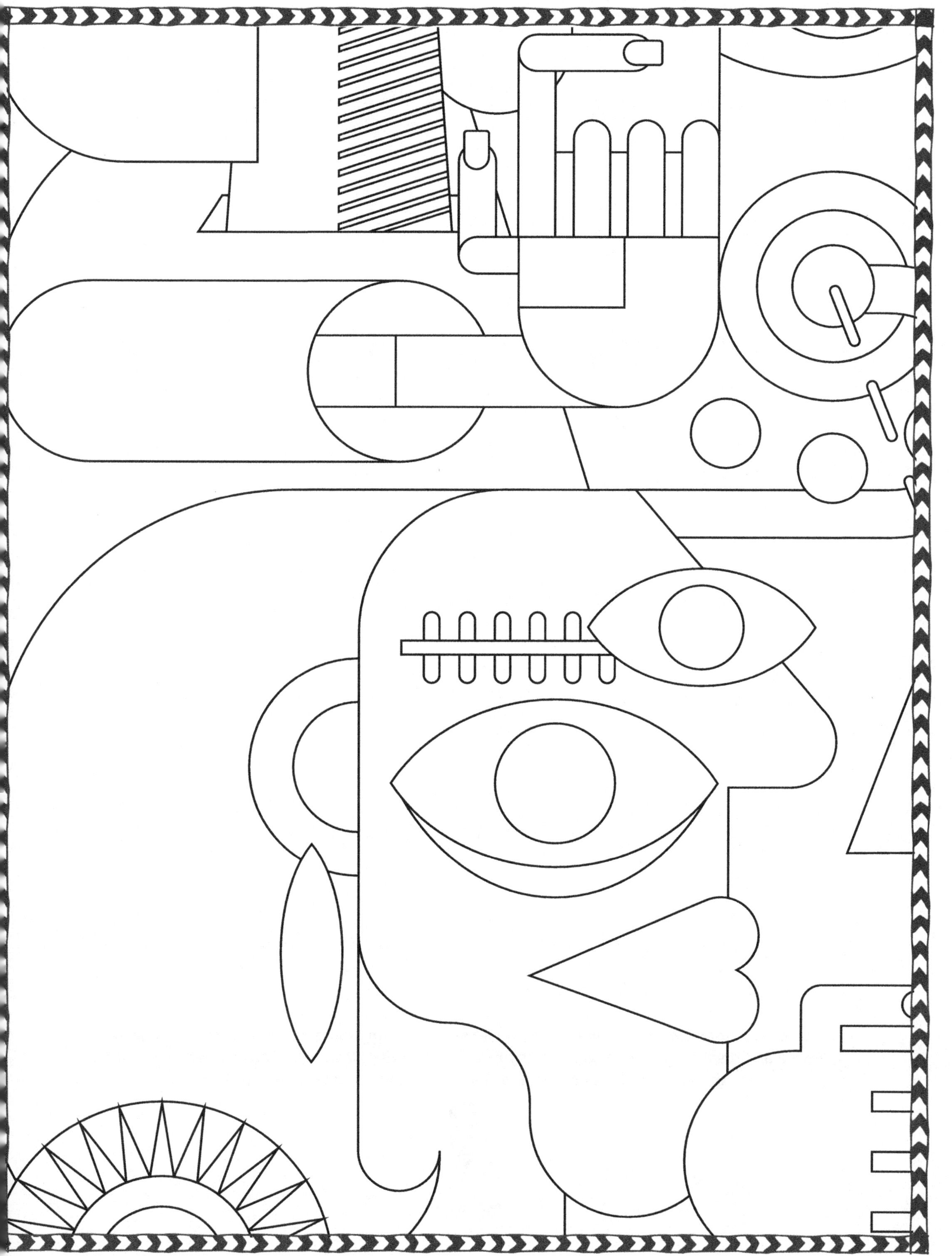

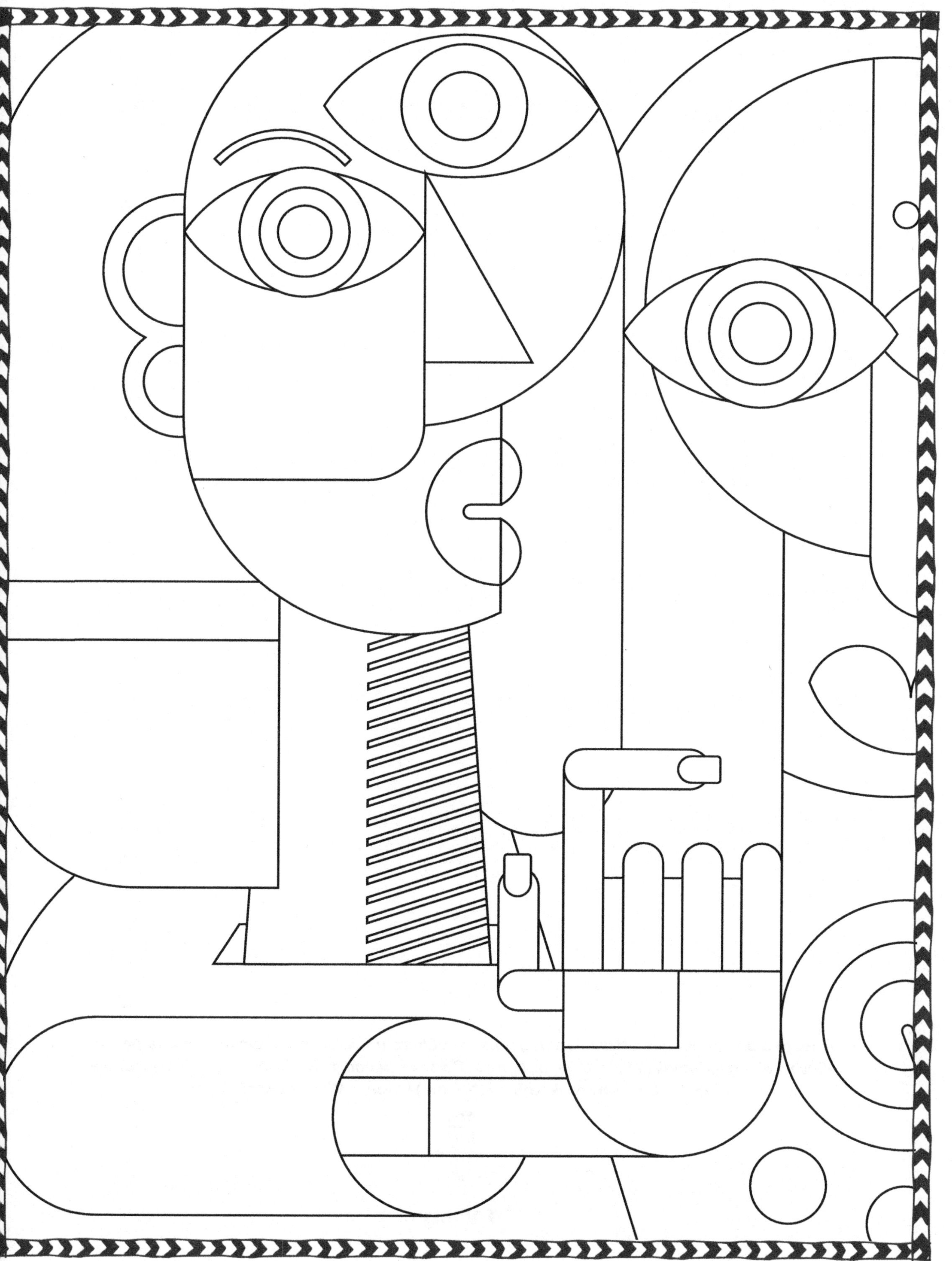

Questo è un sanguinare attraverso pagina se si utilizza un colorante indicatore o una penna!
Trovare altri grandi titoli di ricerca per disegni da Colorare Bandit su Il tuo libro preferito rivenditore
Amazon.Ca | Barnes & Noble (BN.Com) | Libri 1 Milione (BAM.Com)

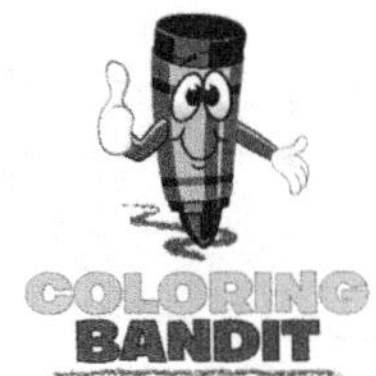

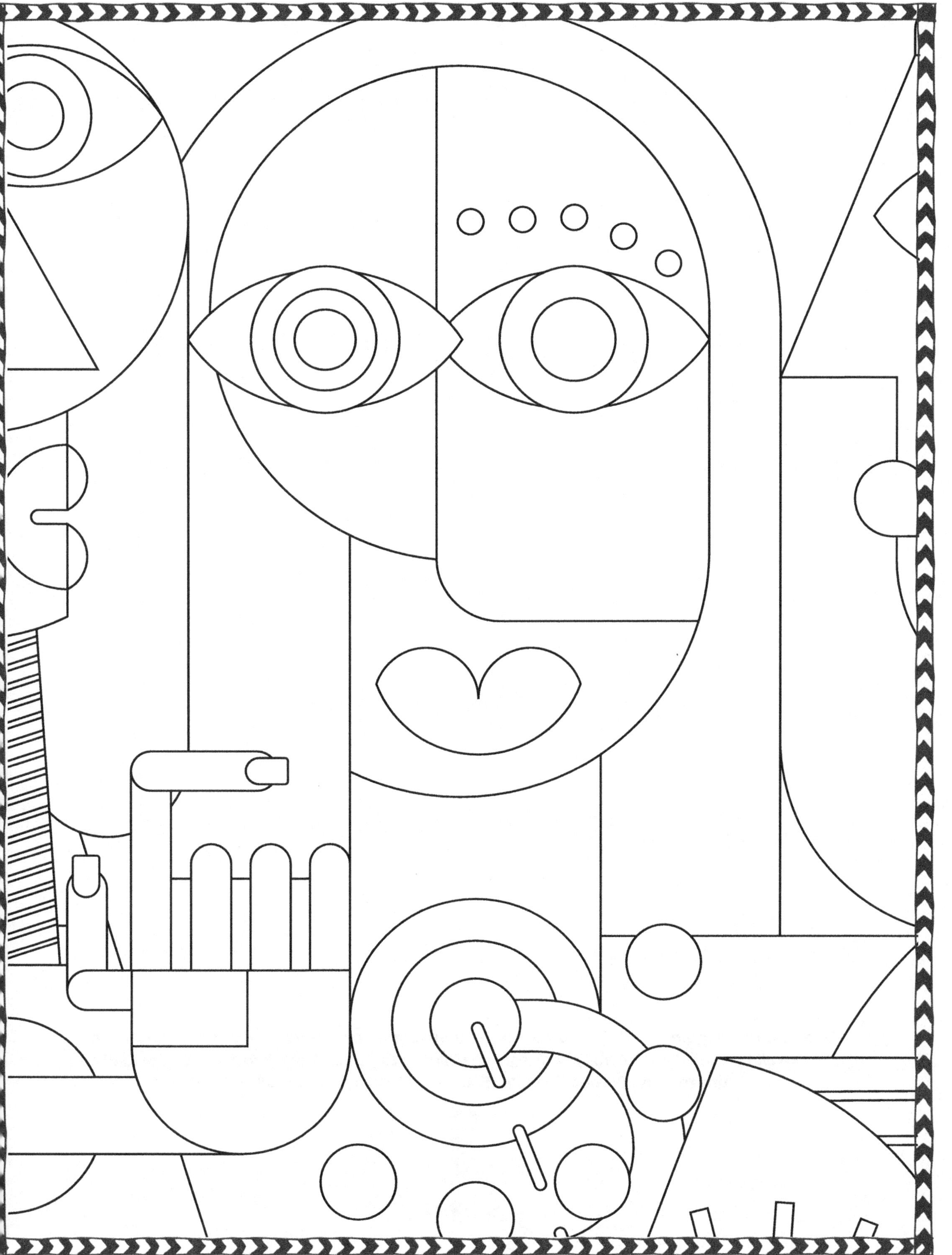

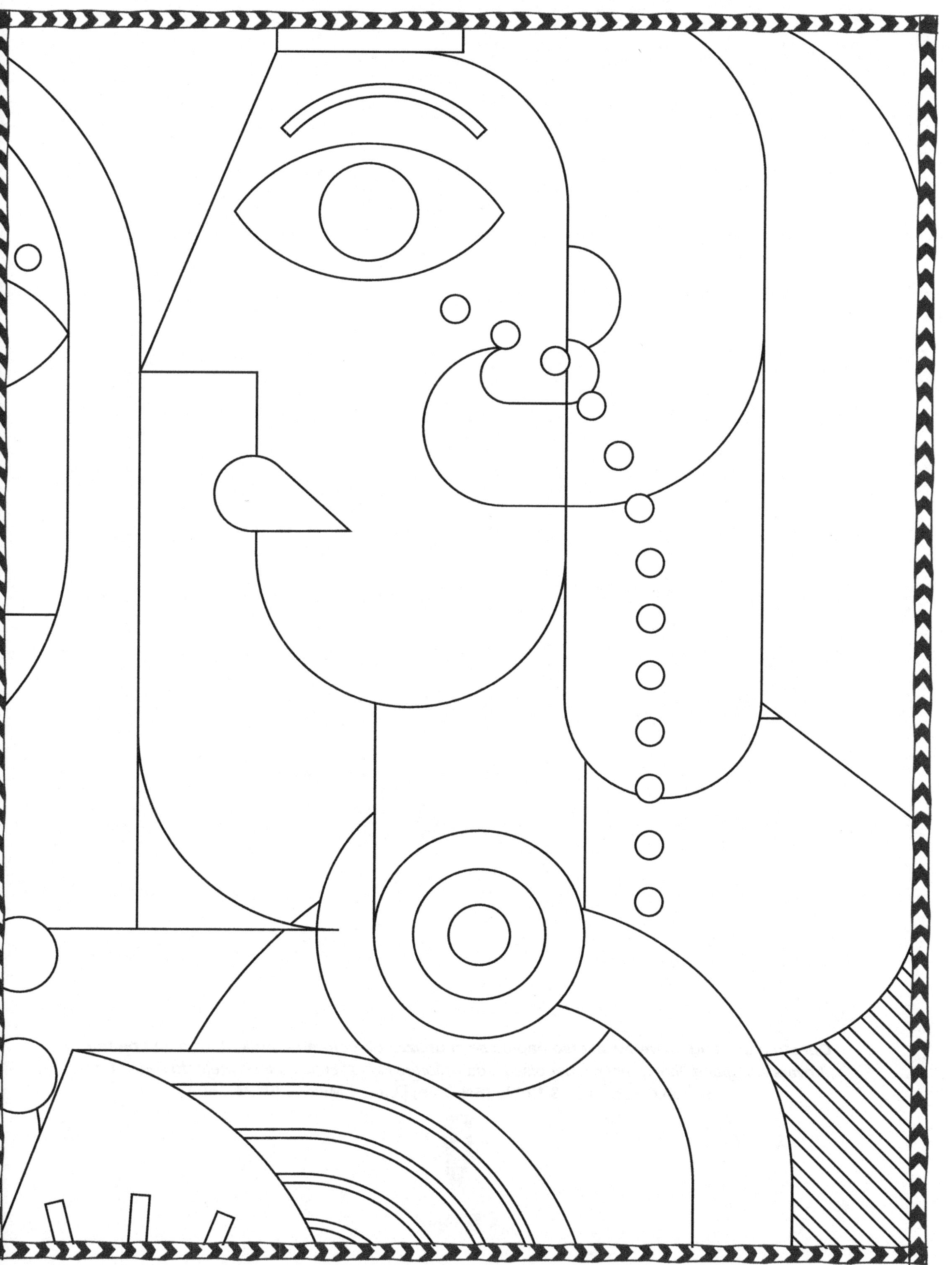

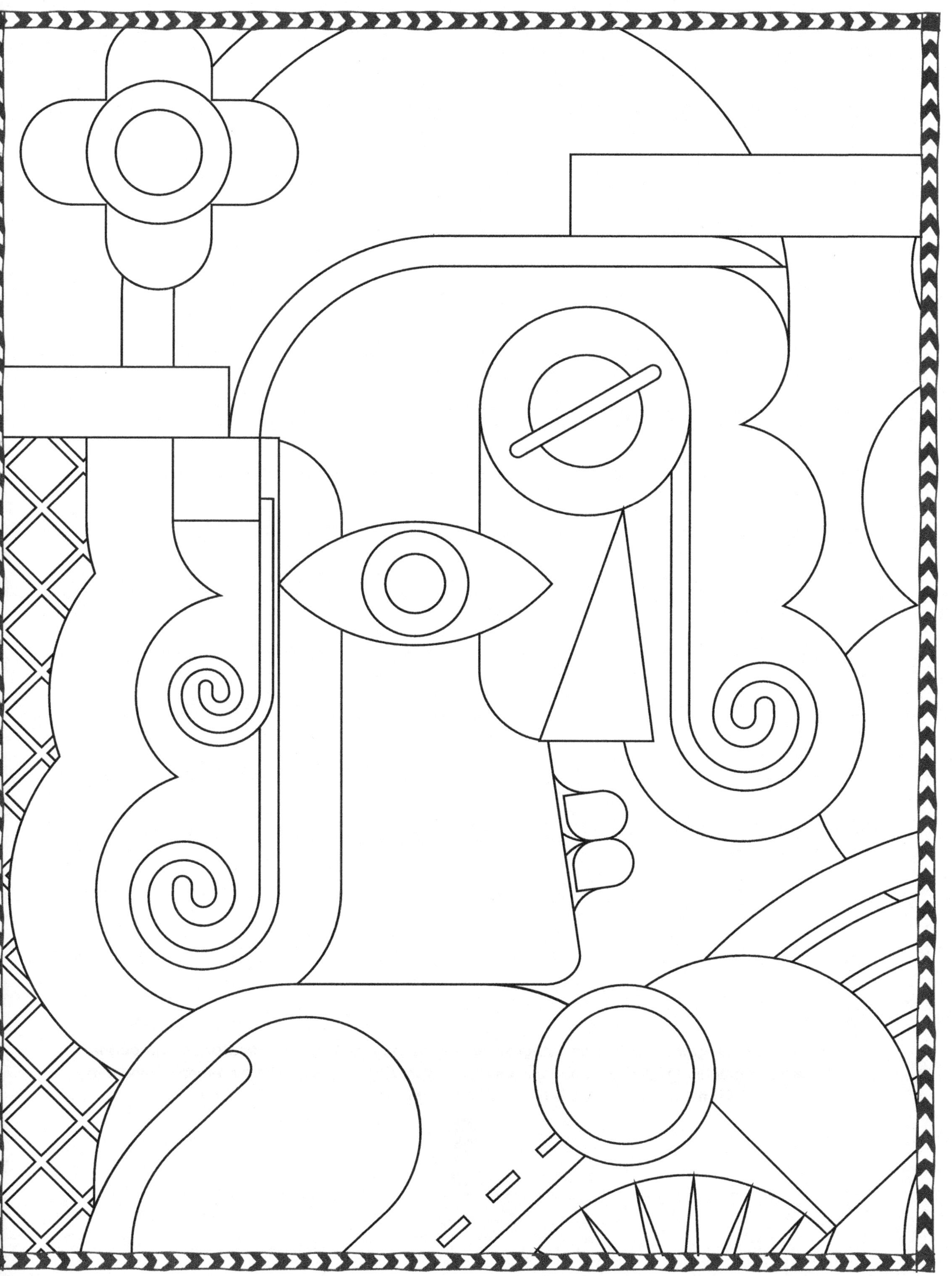

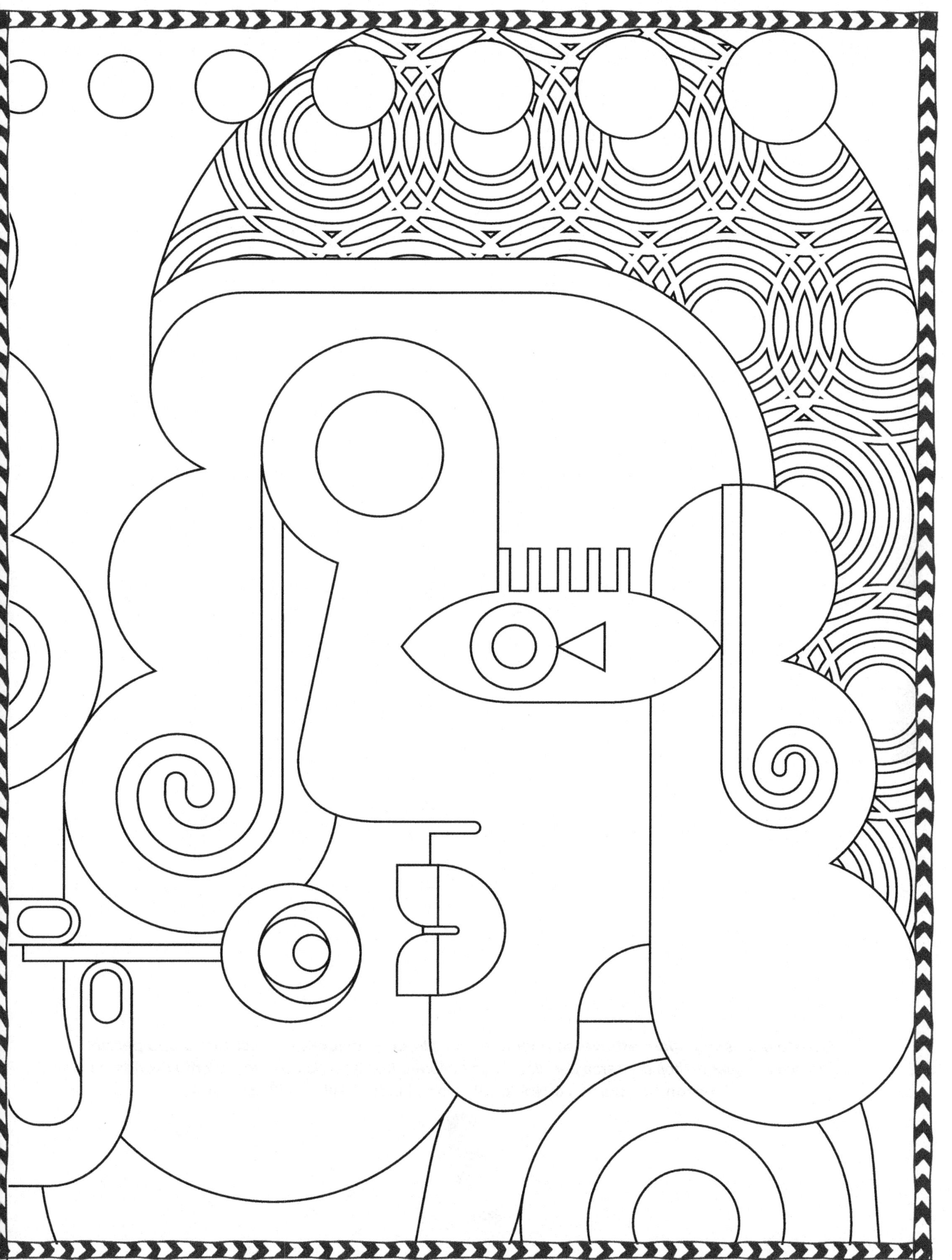

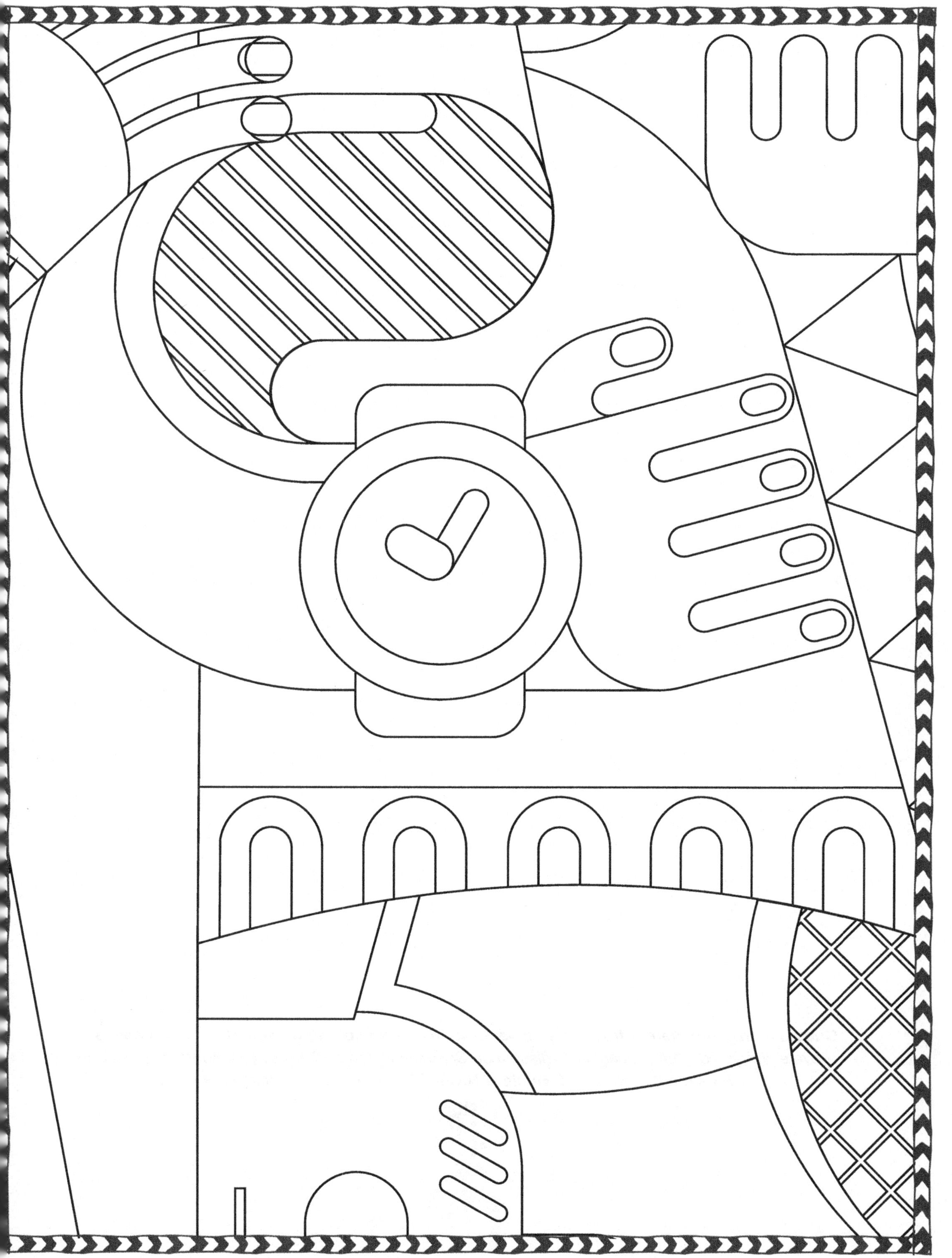

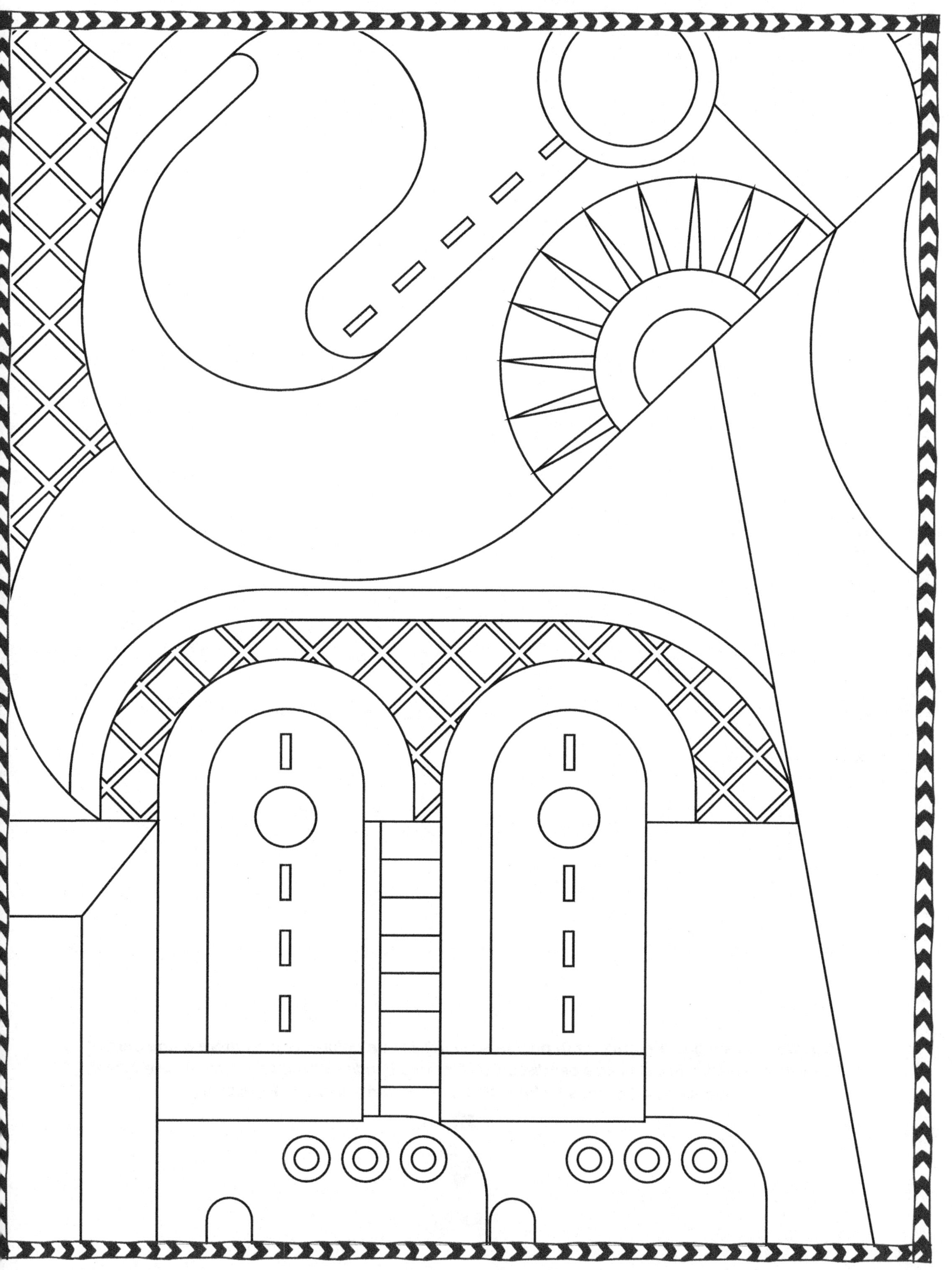

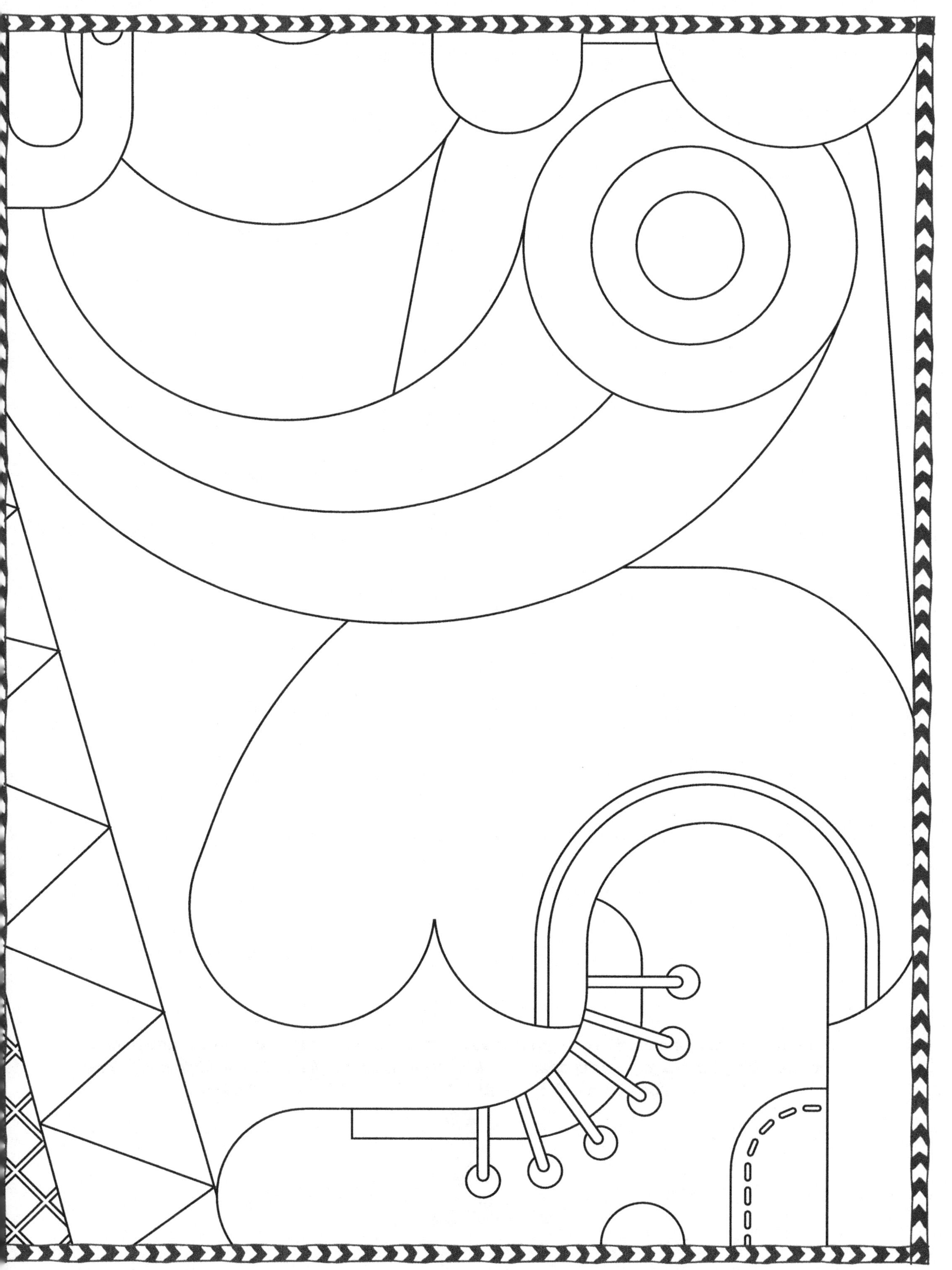

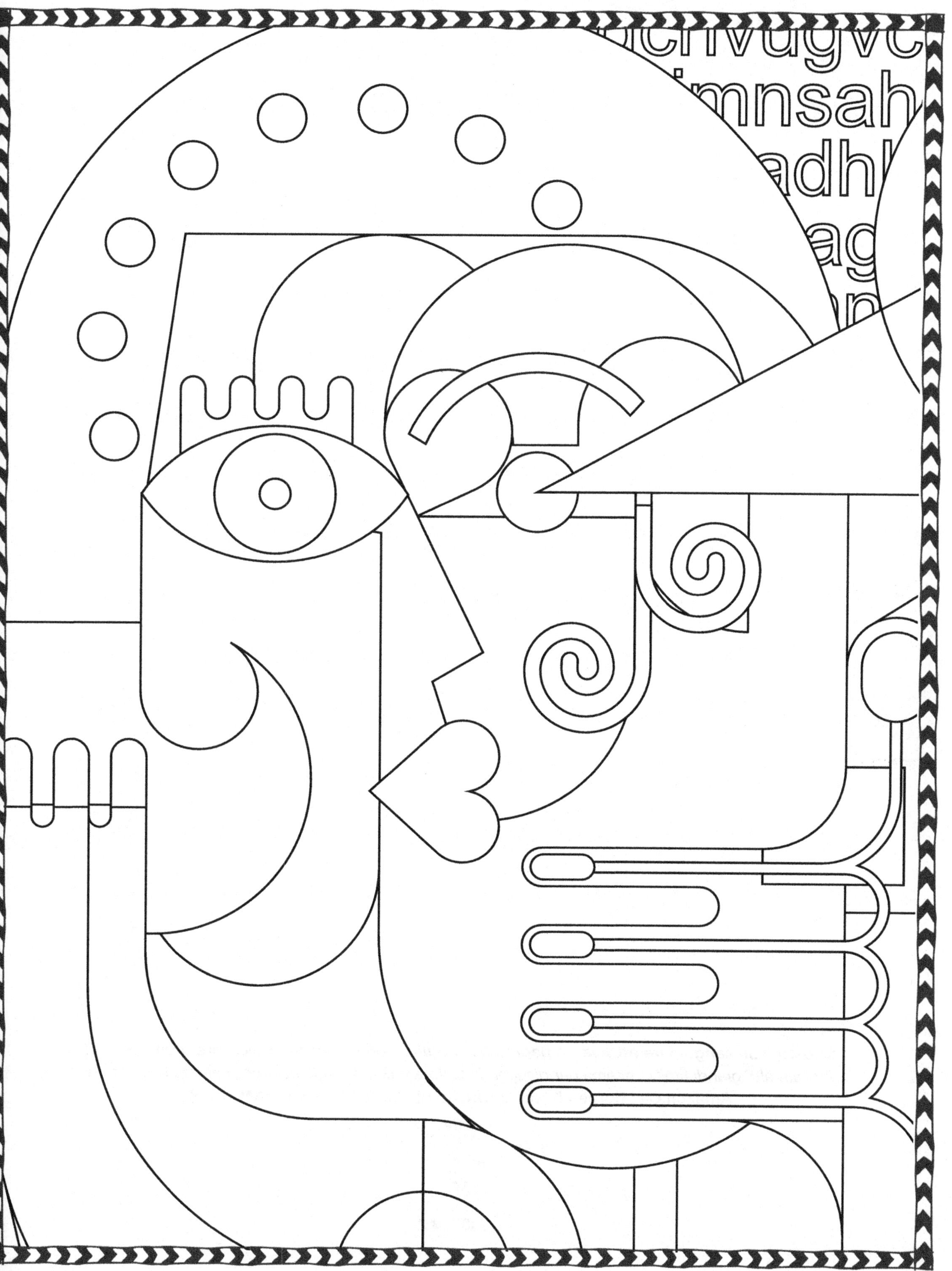
crivugvc
mnsah
adhl
ag
n

Questo è un sanguinare attraverso pagina se si utilizza un colorante indicatore o una penna!

Trovare altri grandi titoli di ricerca per disegni da Colorare Bandit su Il tuo libro preferito rivenditore

Amazon.Ca | Barnes & Noble (BN.Com) | Libri 1 Milione (BAM.Com)

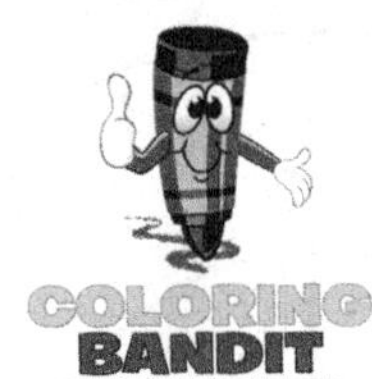

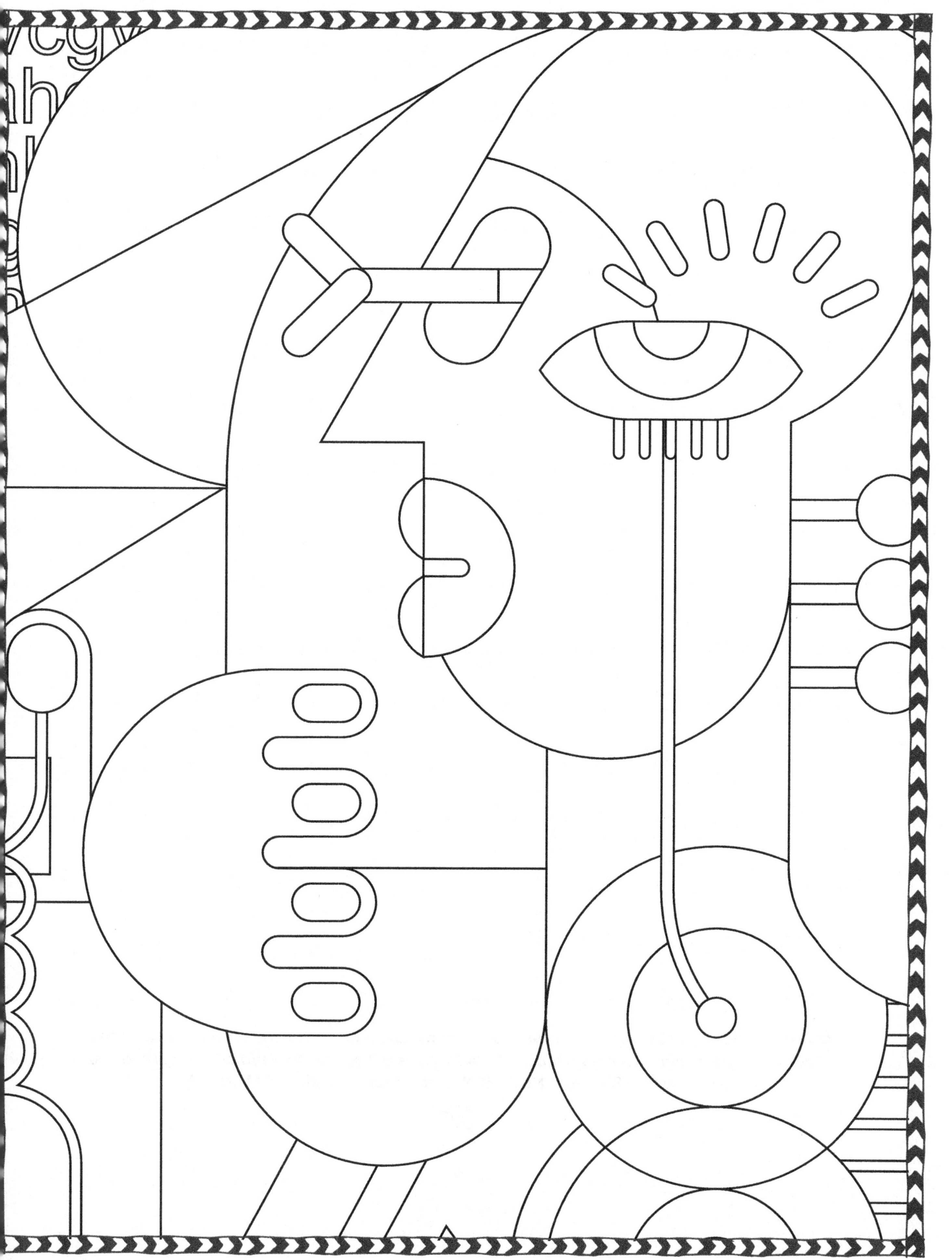

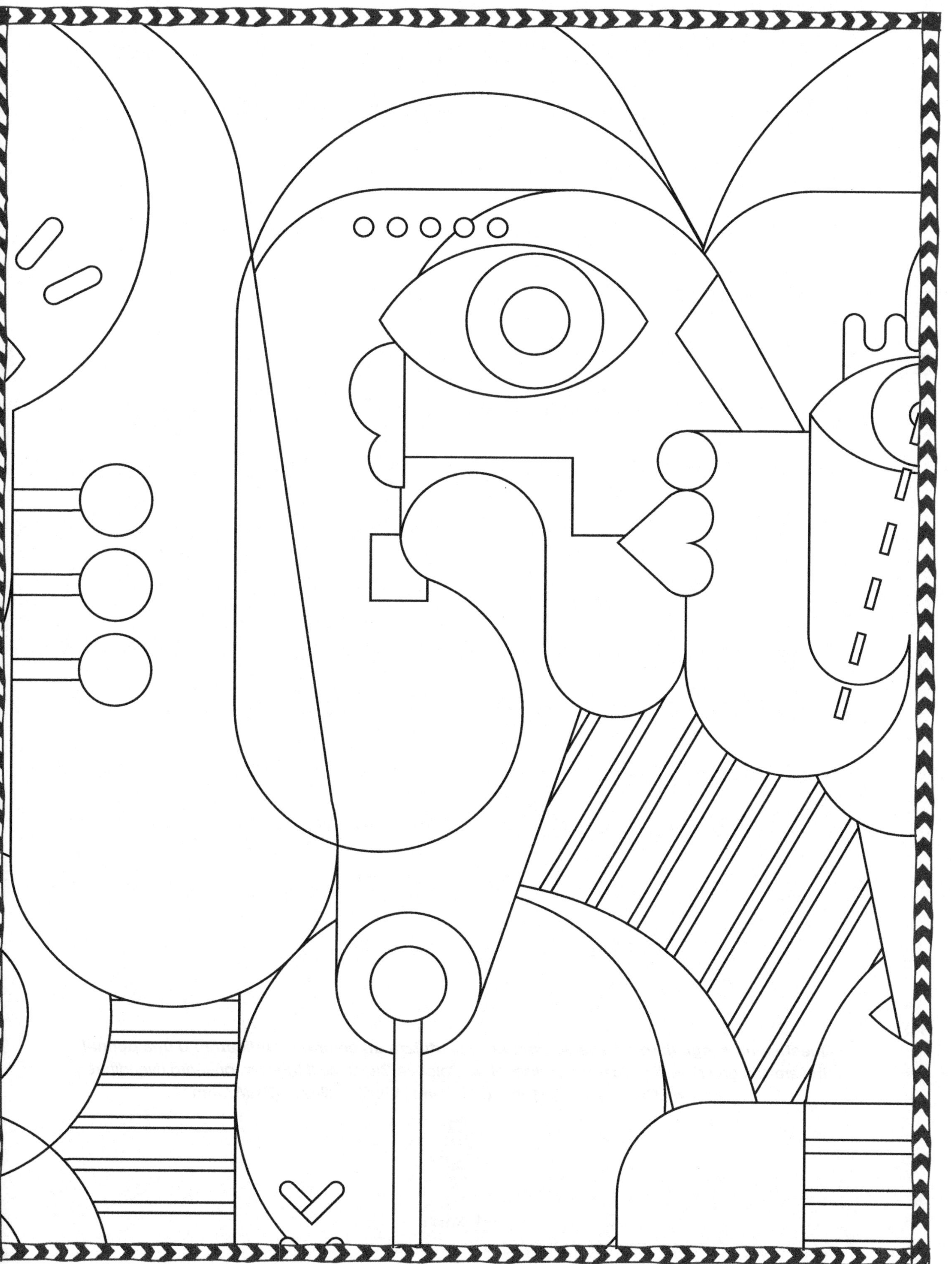

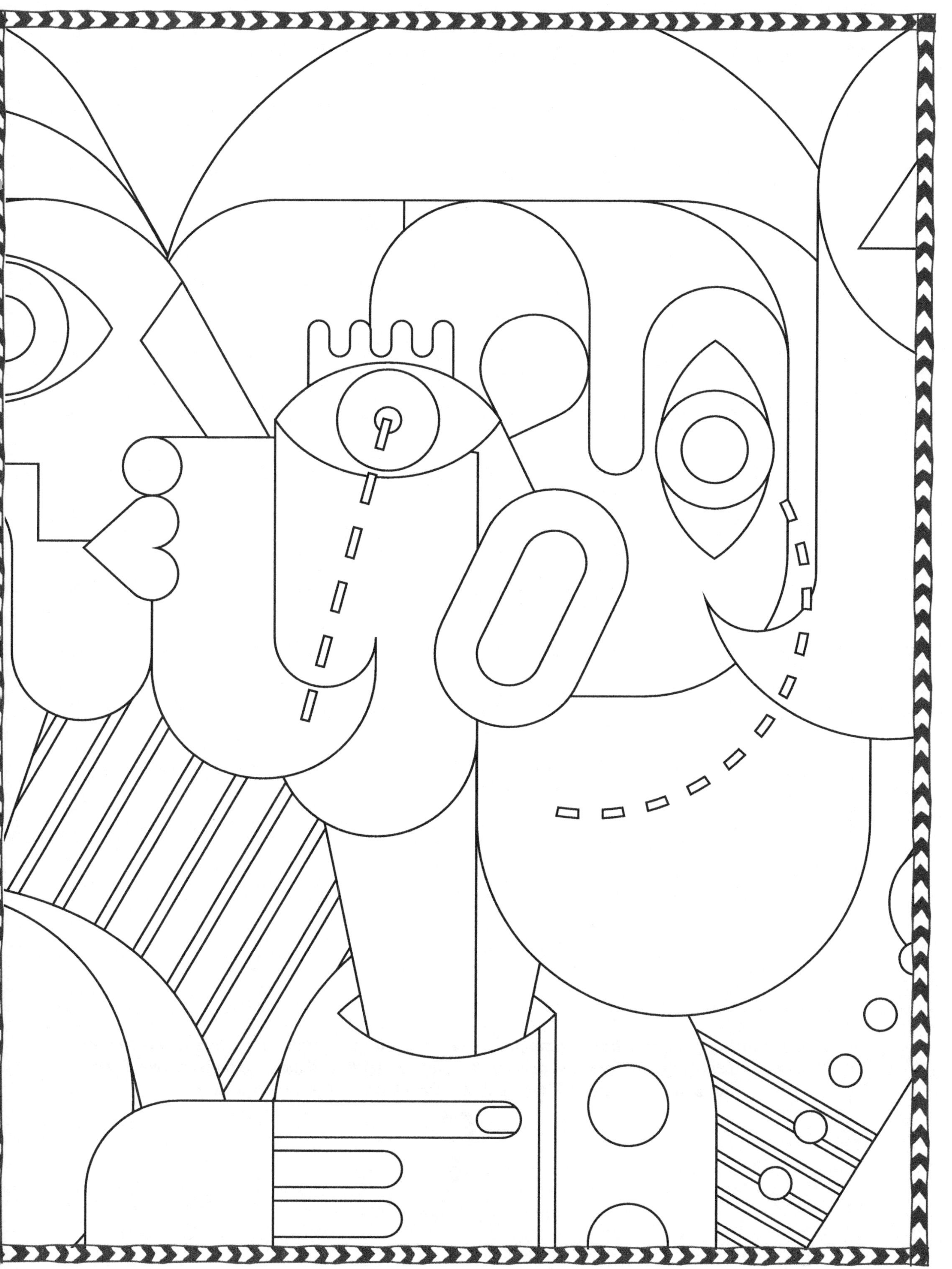

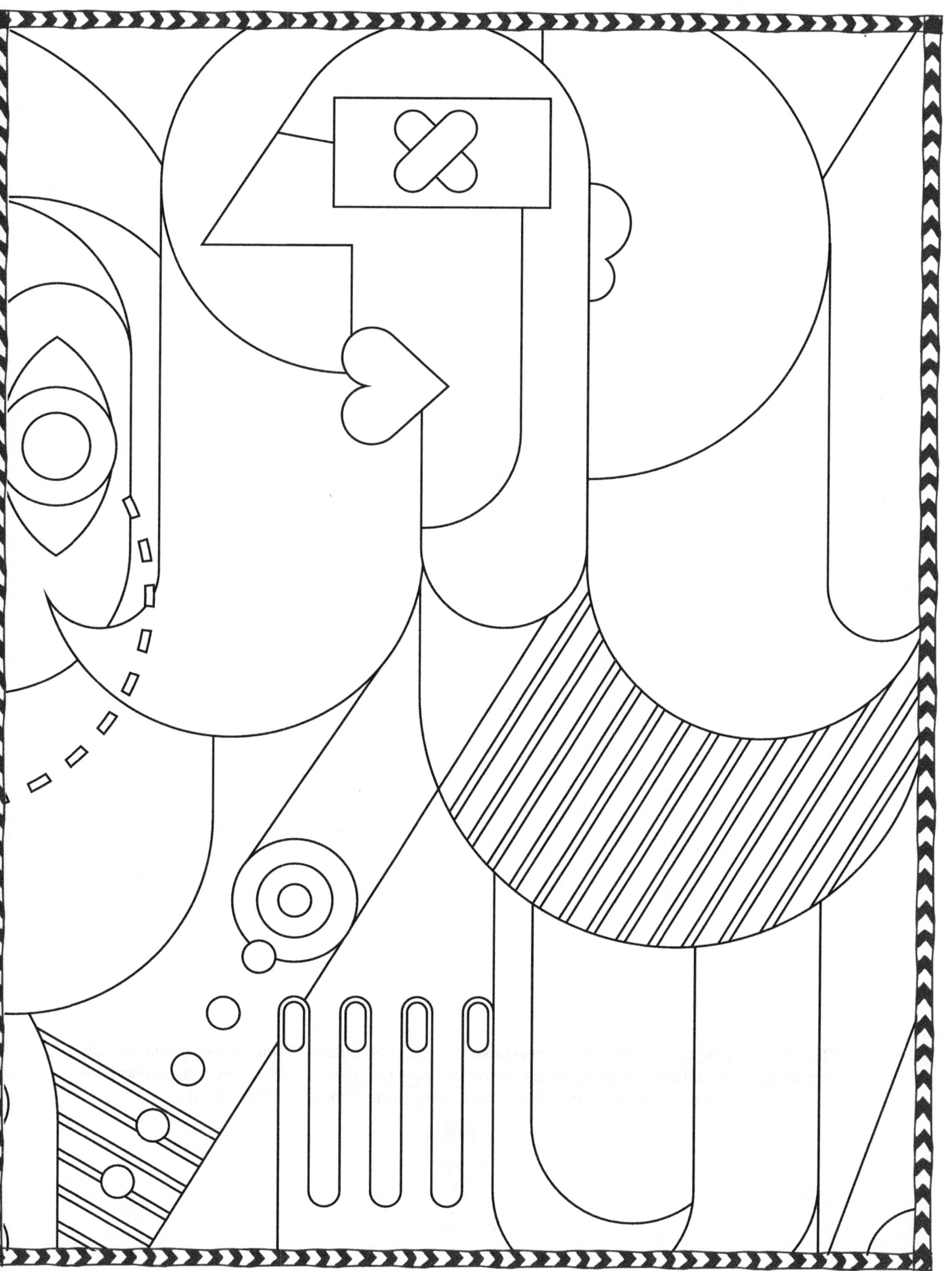

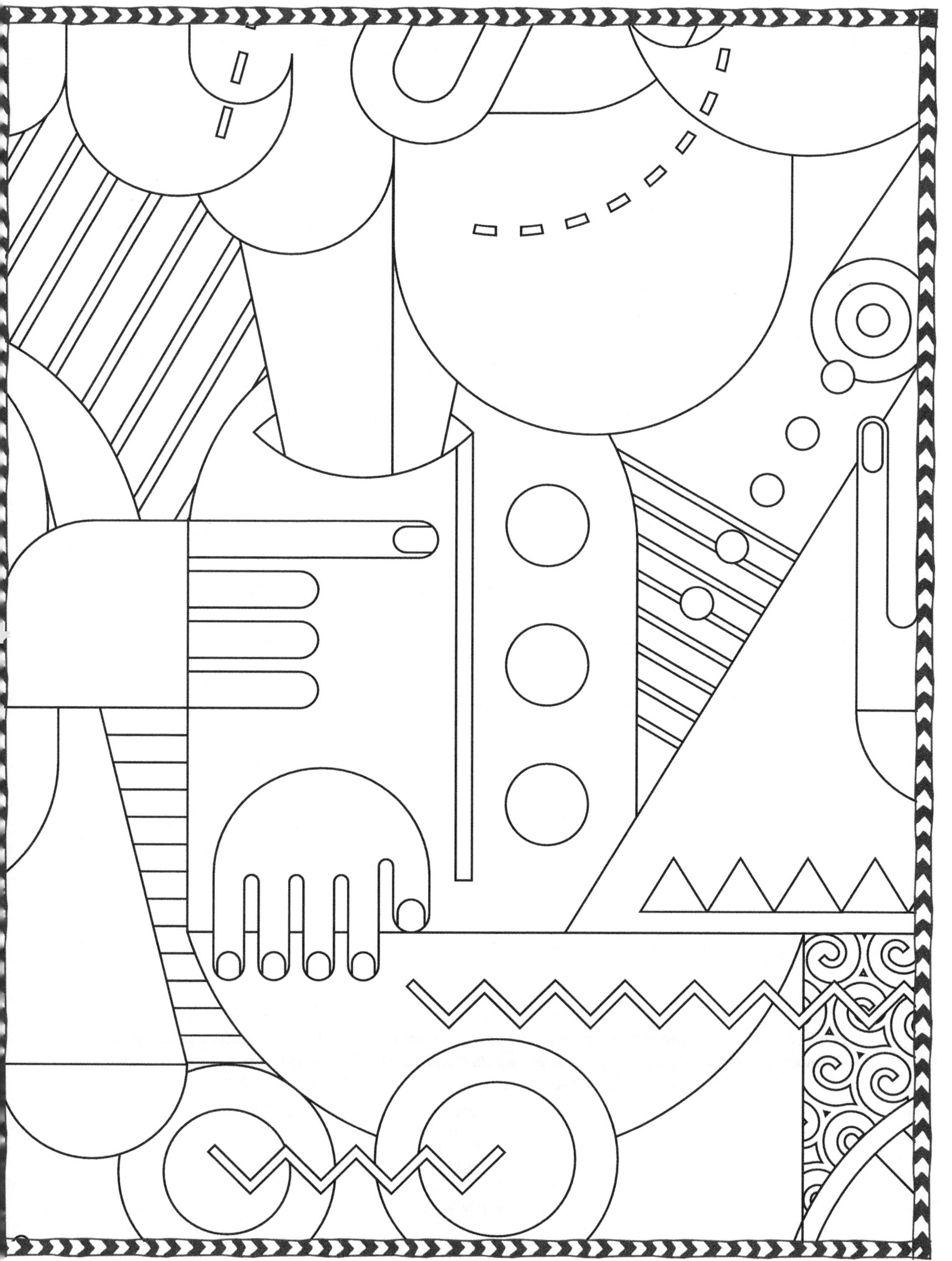

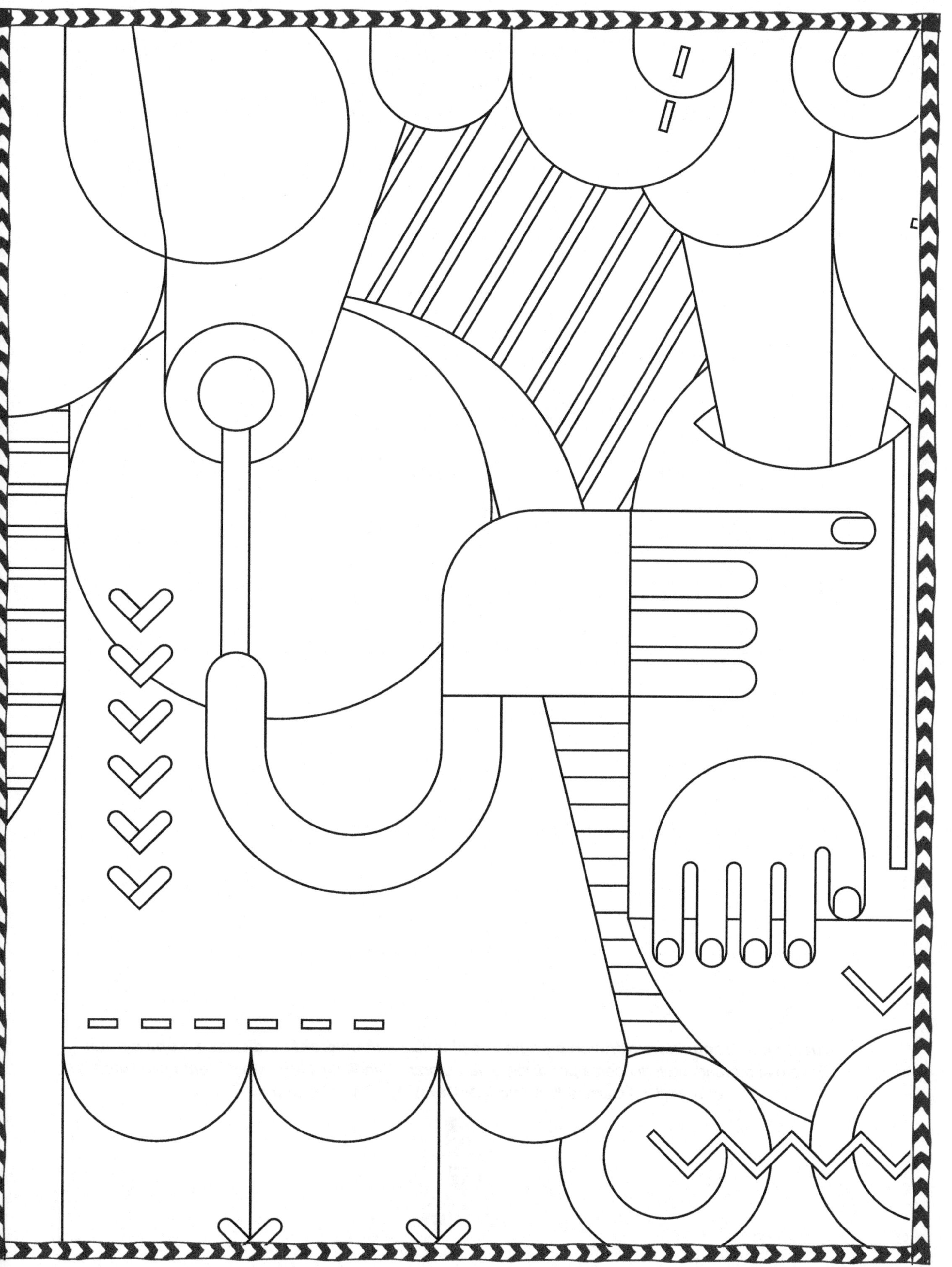

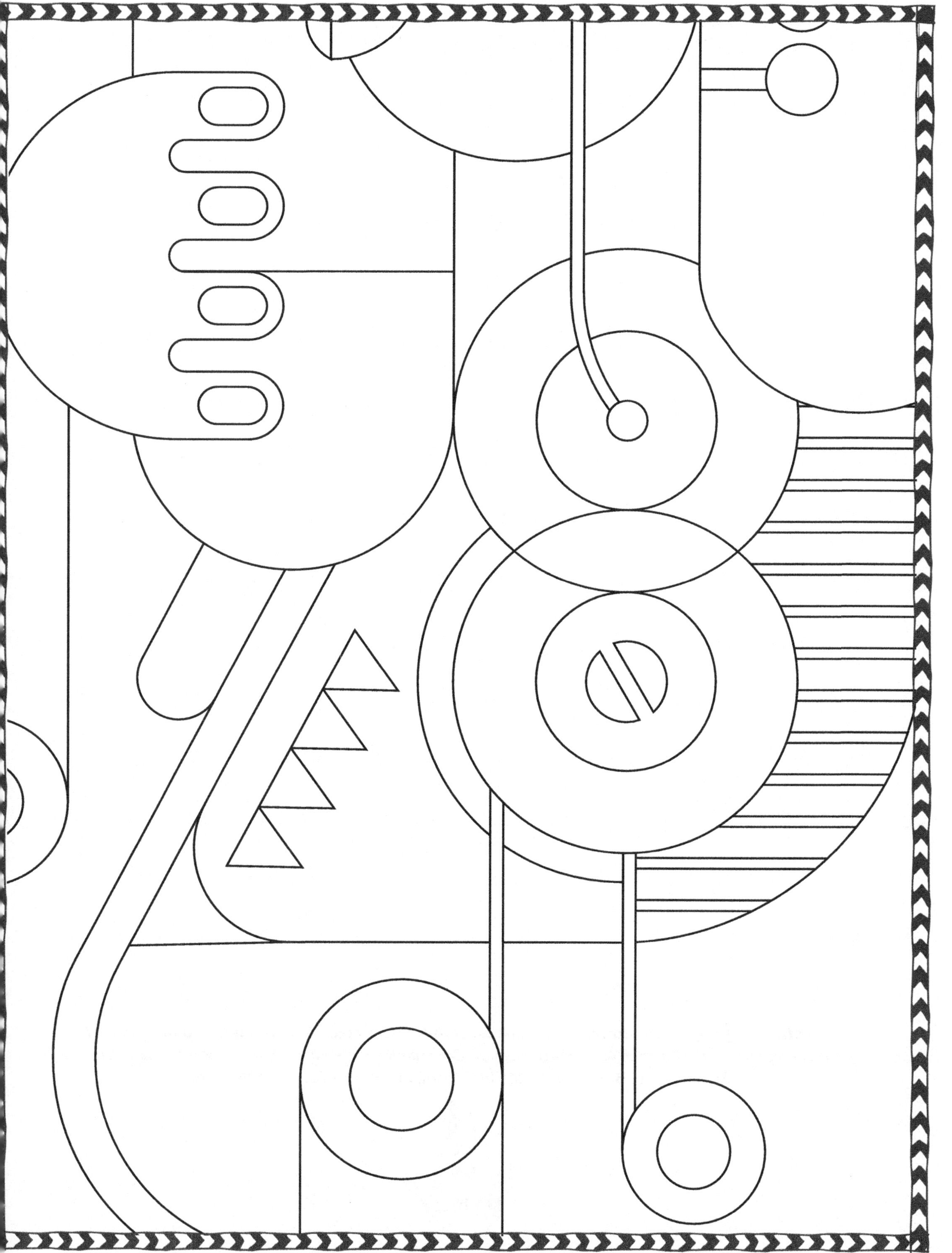

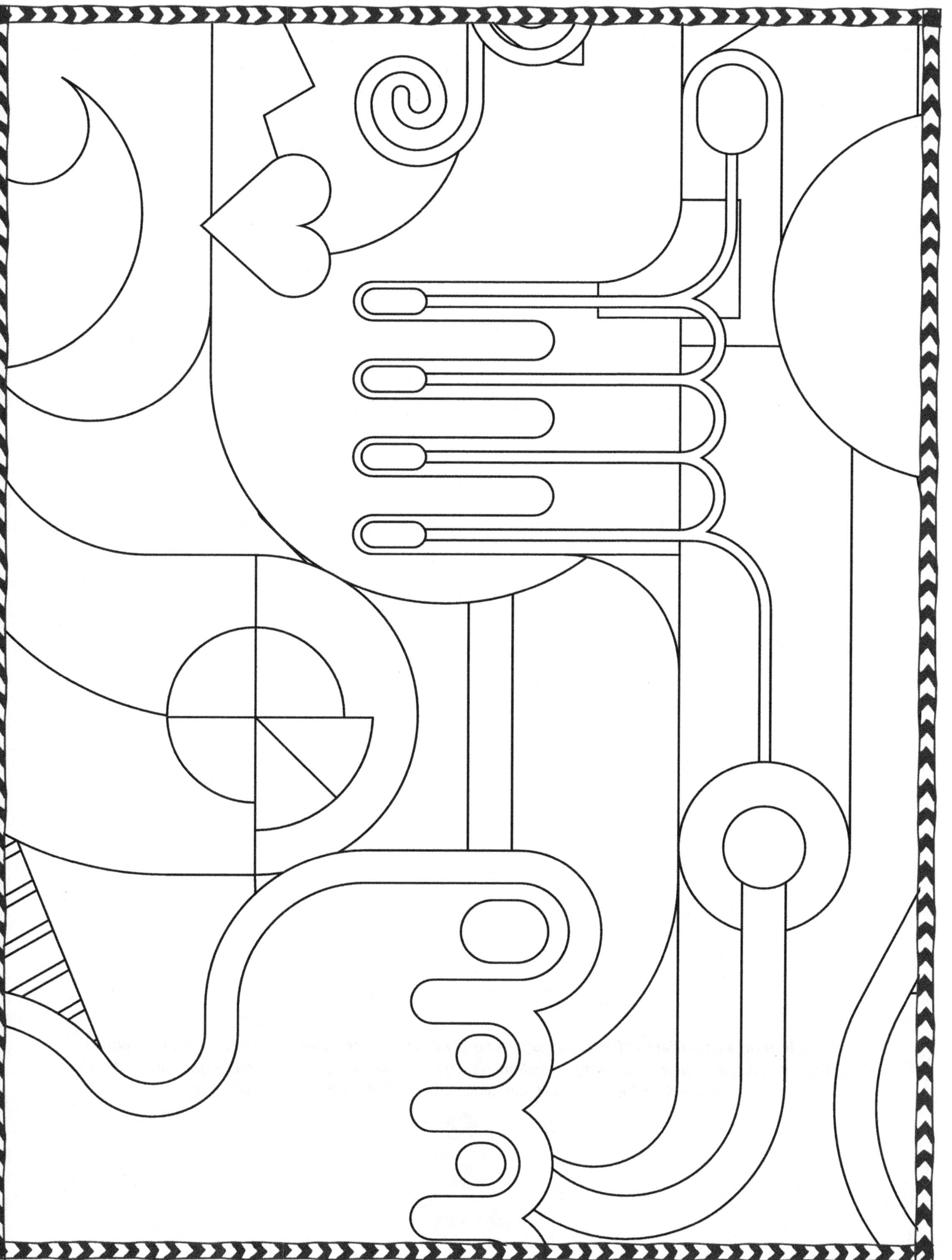

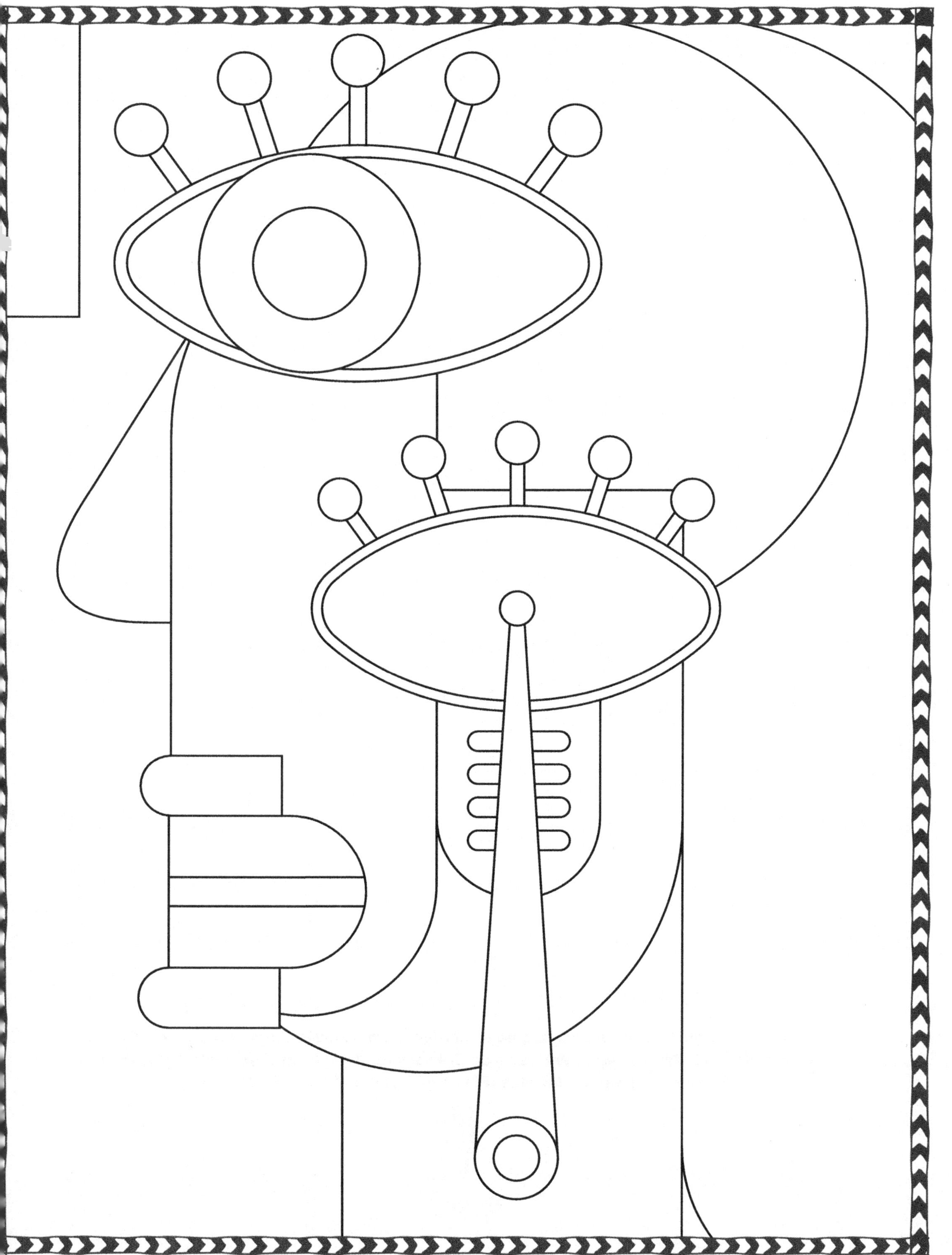

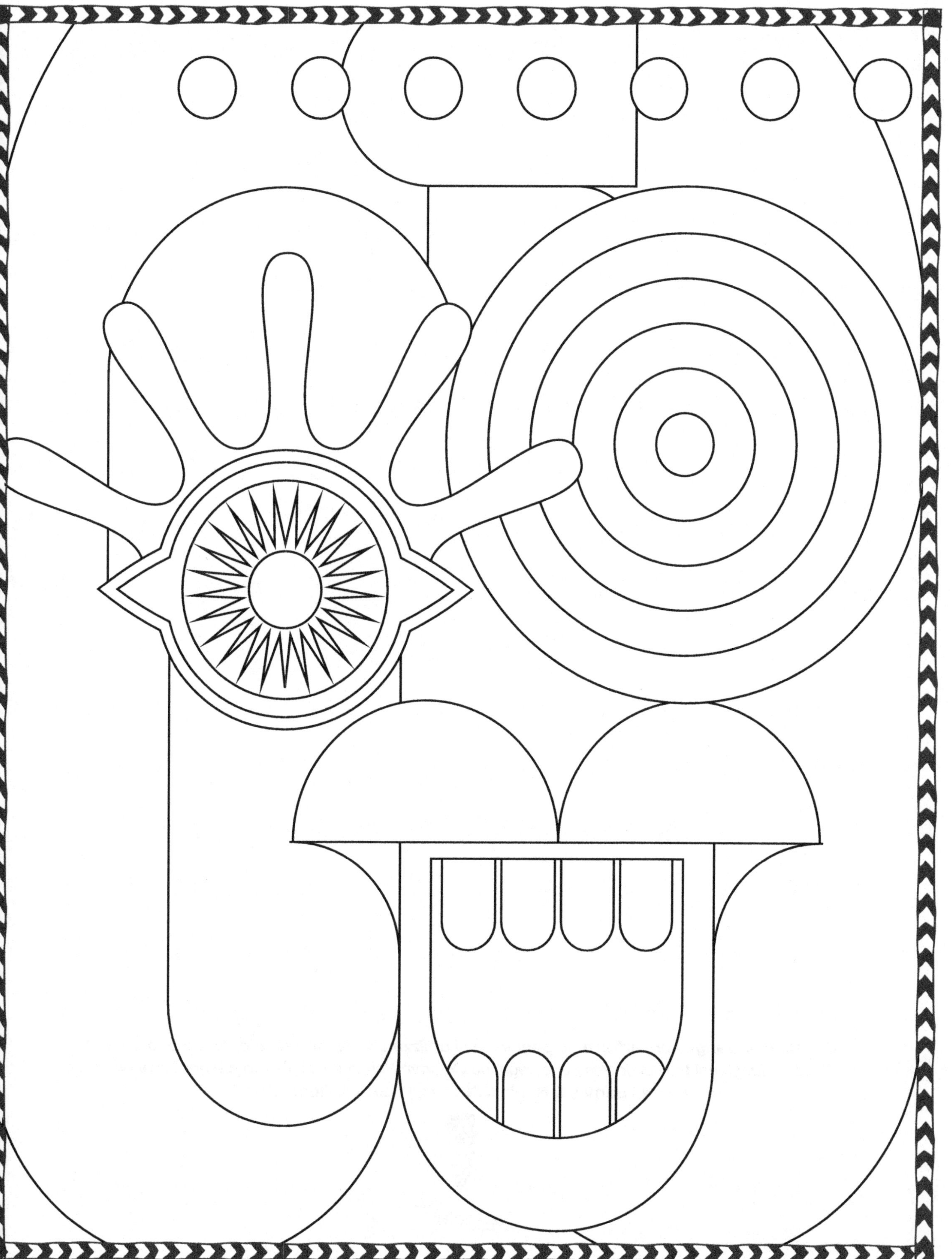

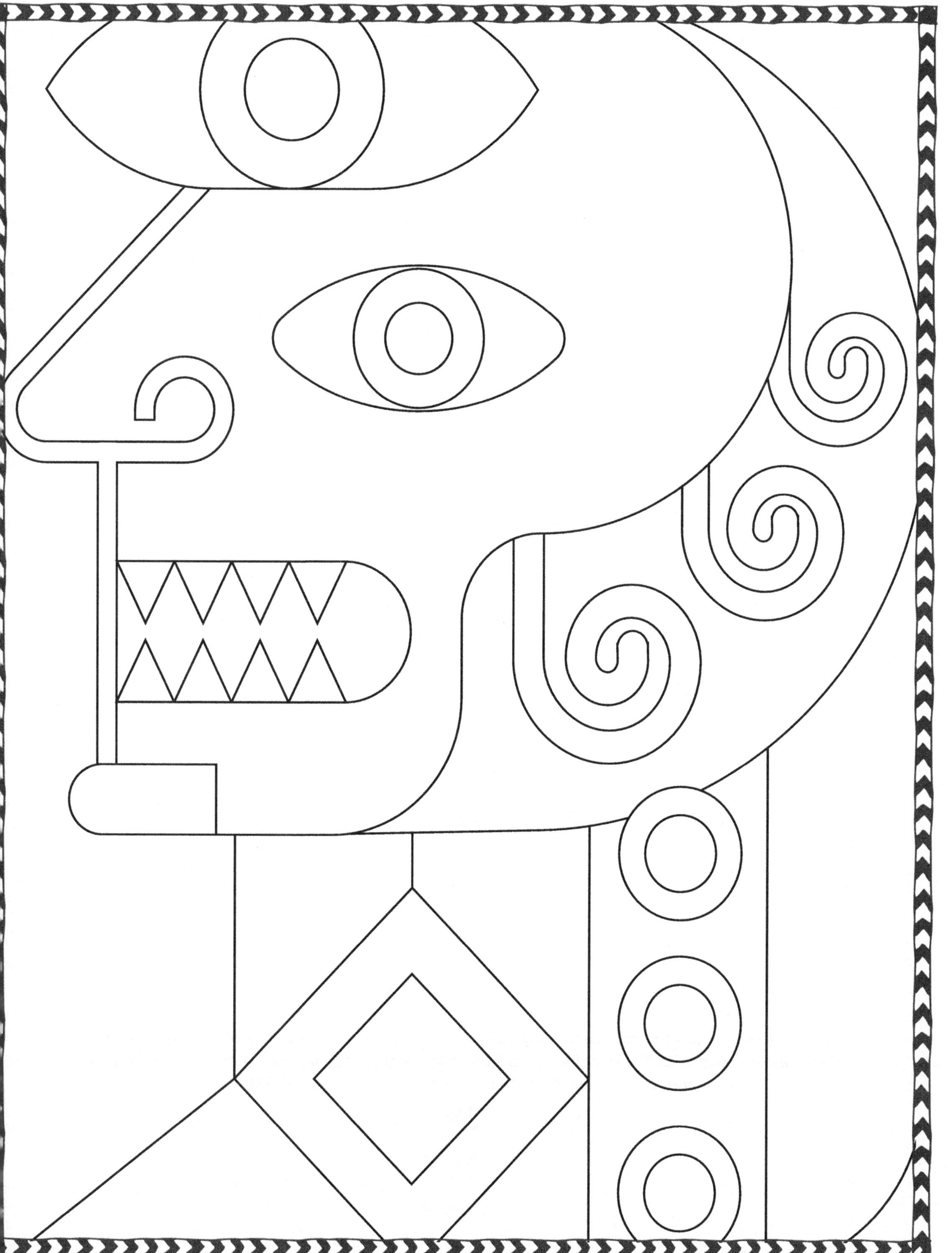

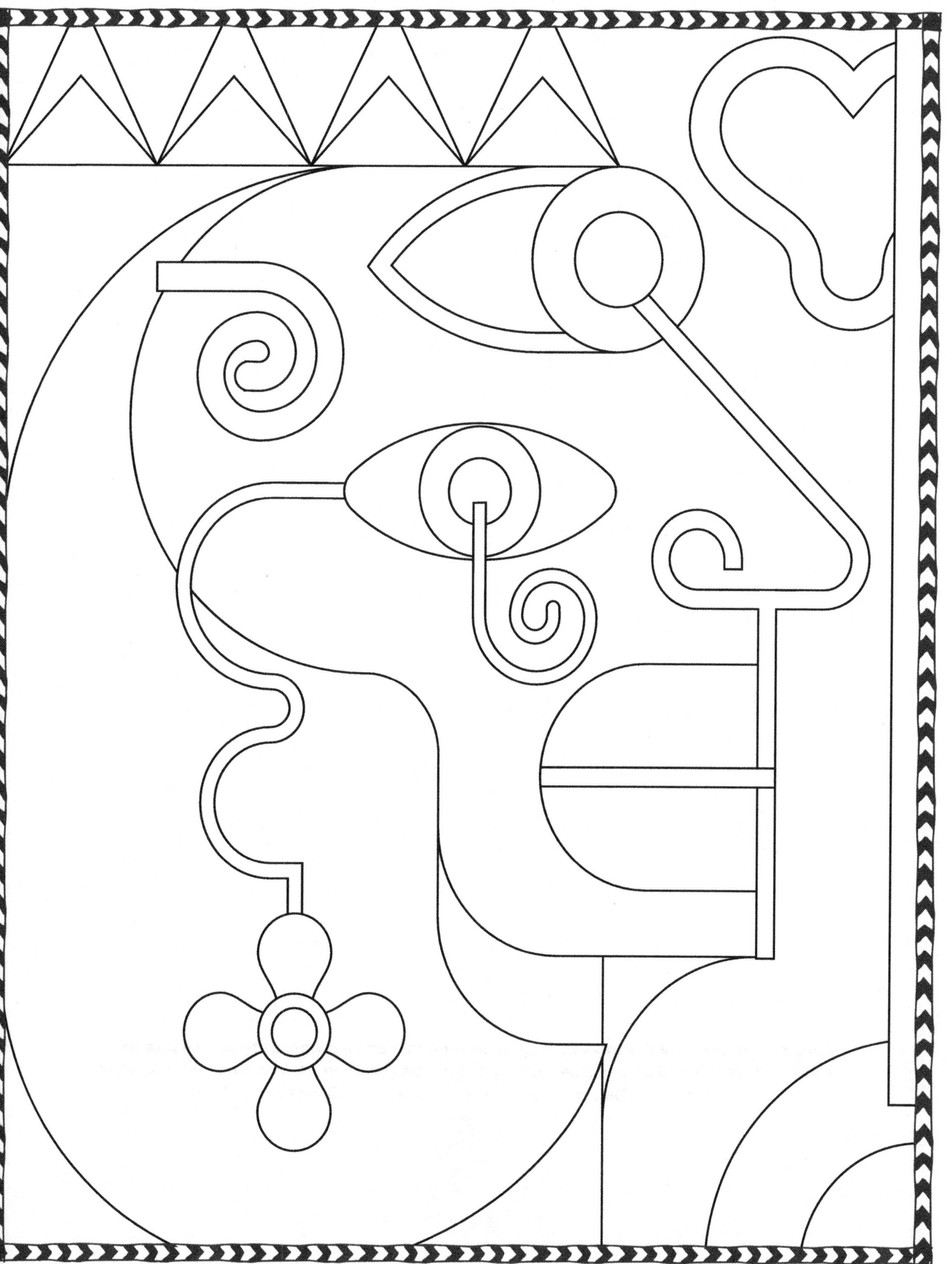

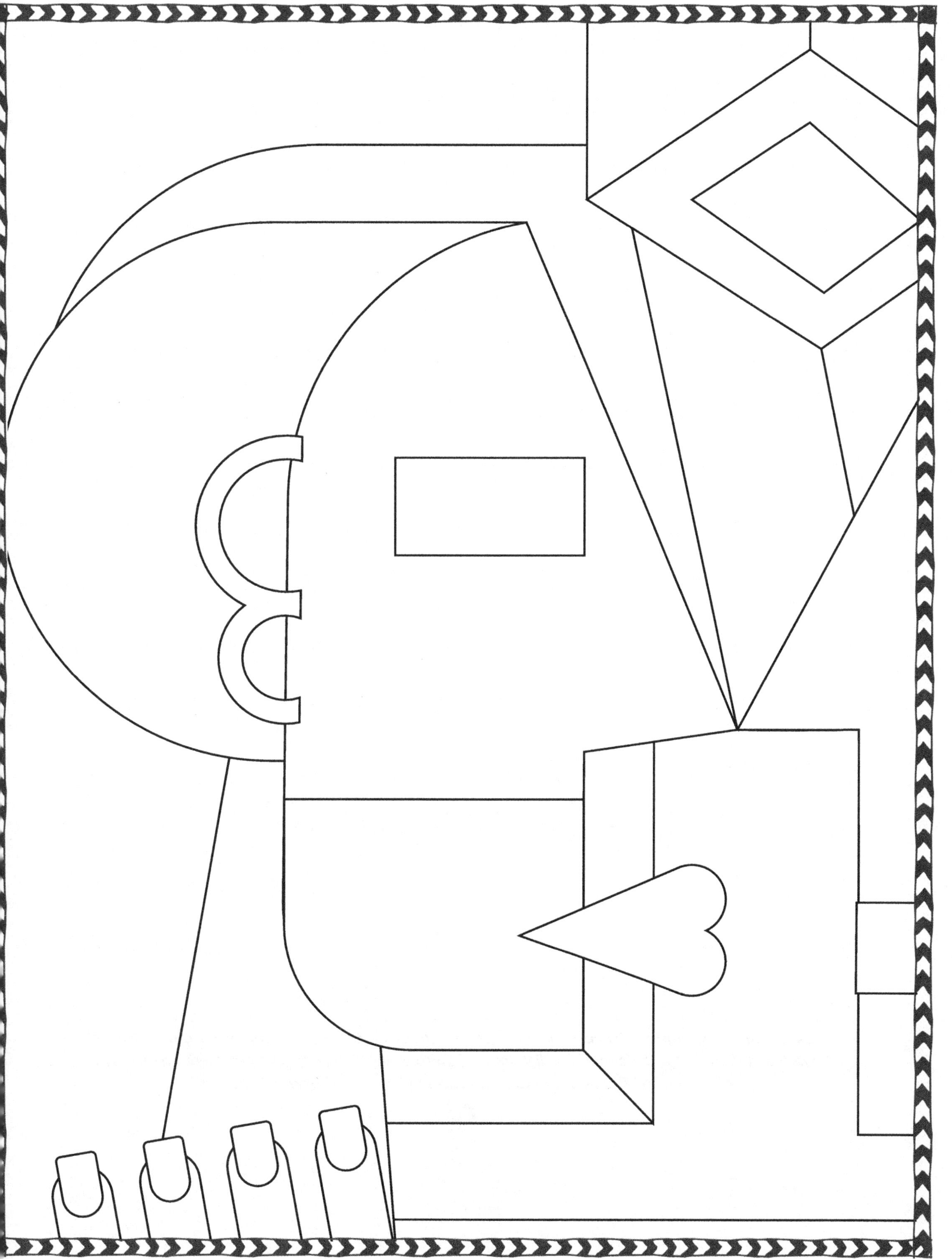

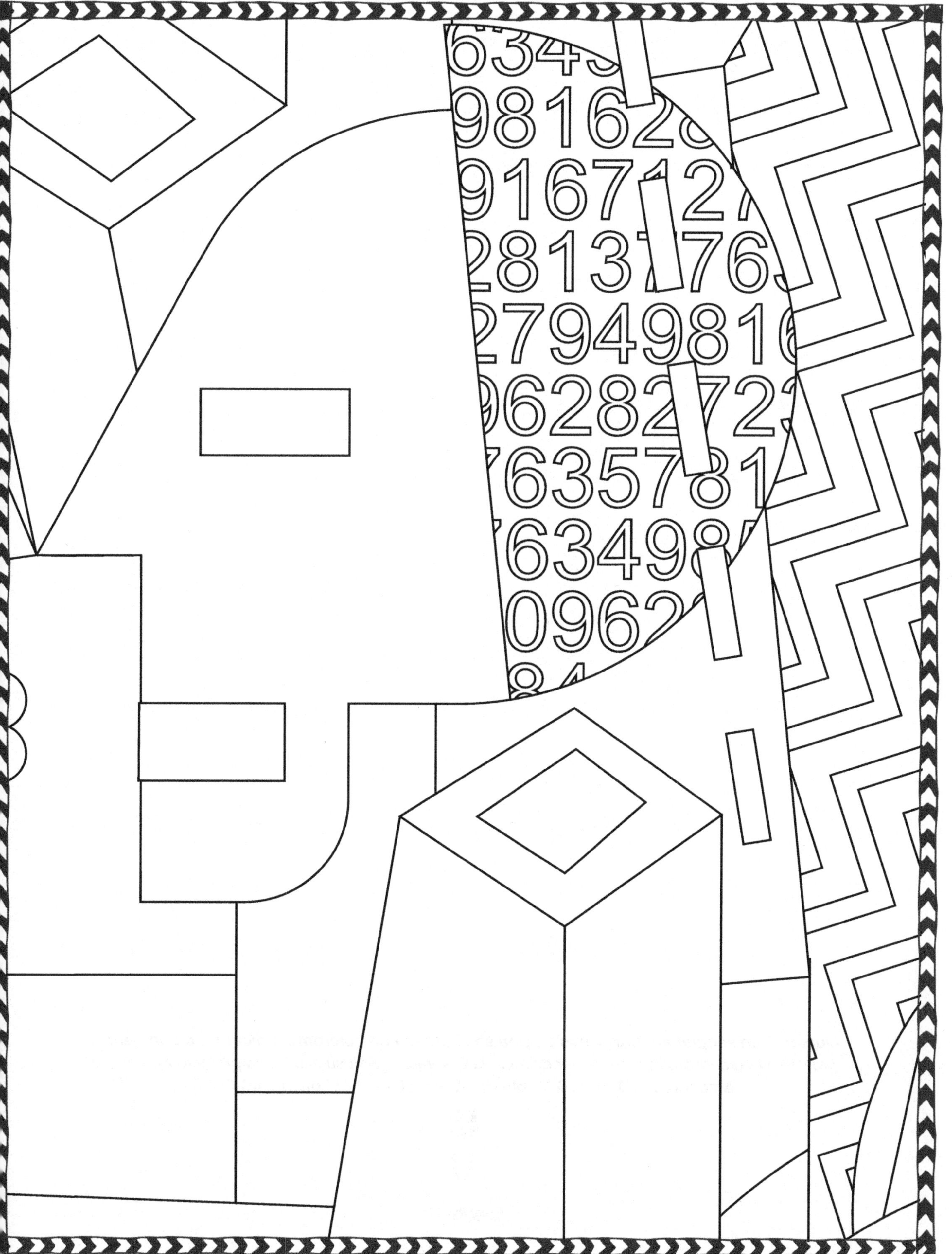

6343
98162
916712
281317 6
279498 16
9628272
7635 781
763498
0962
84

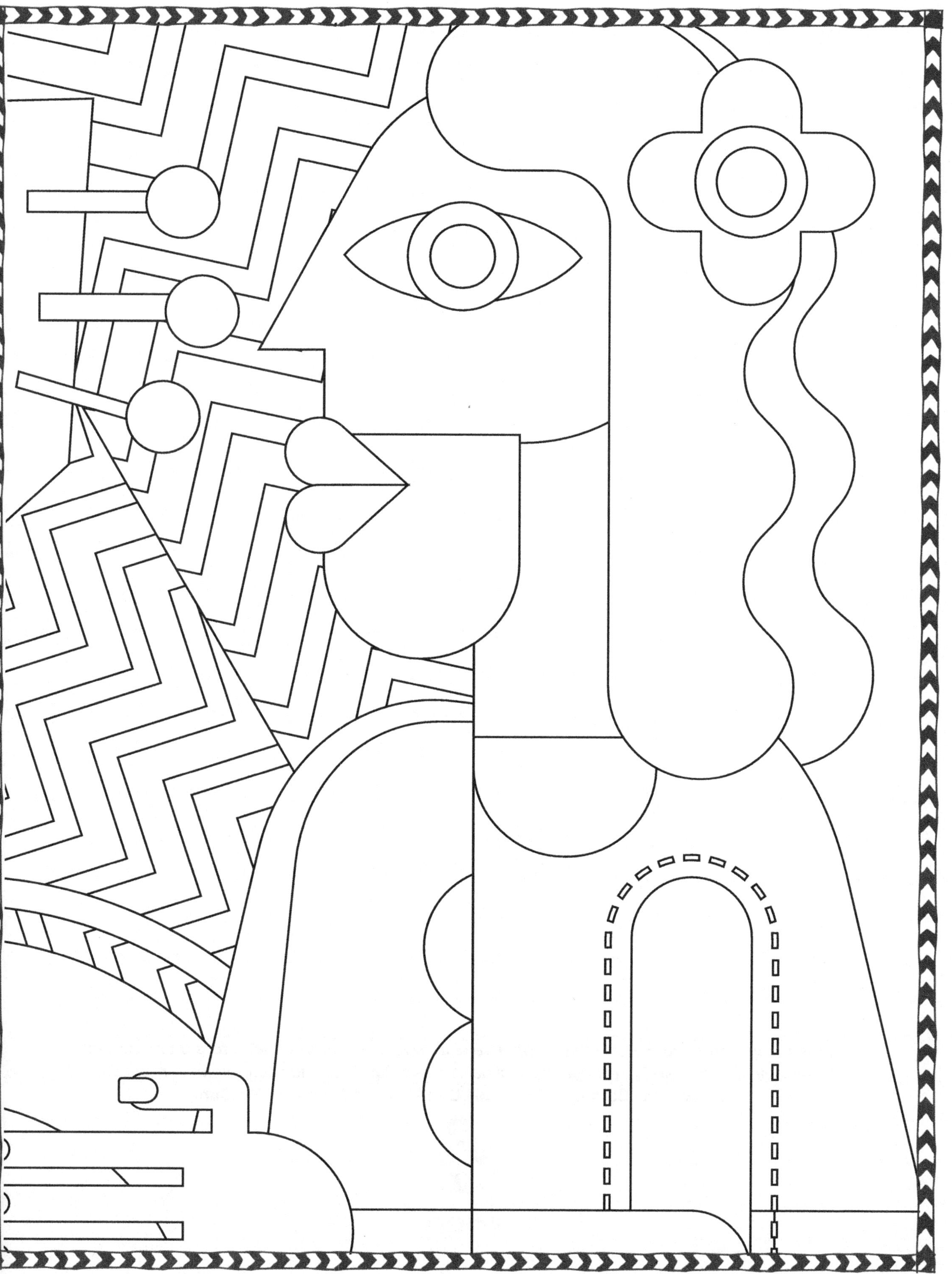

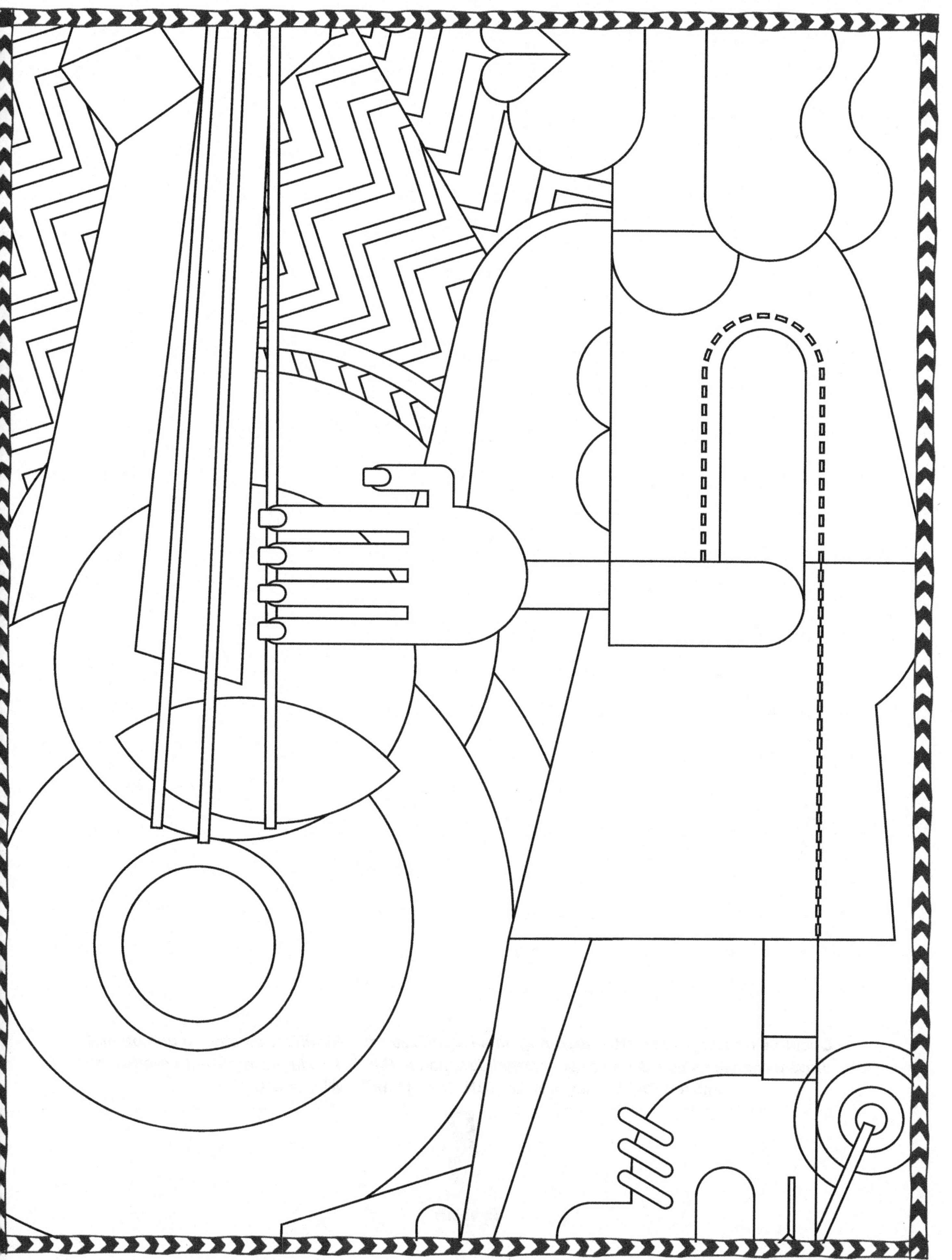

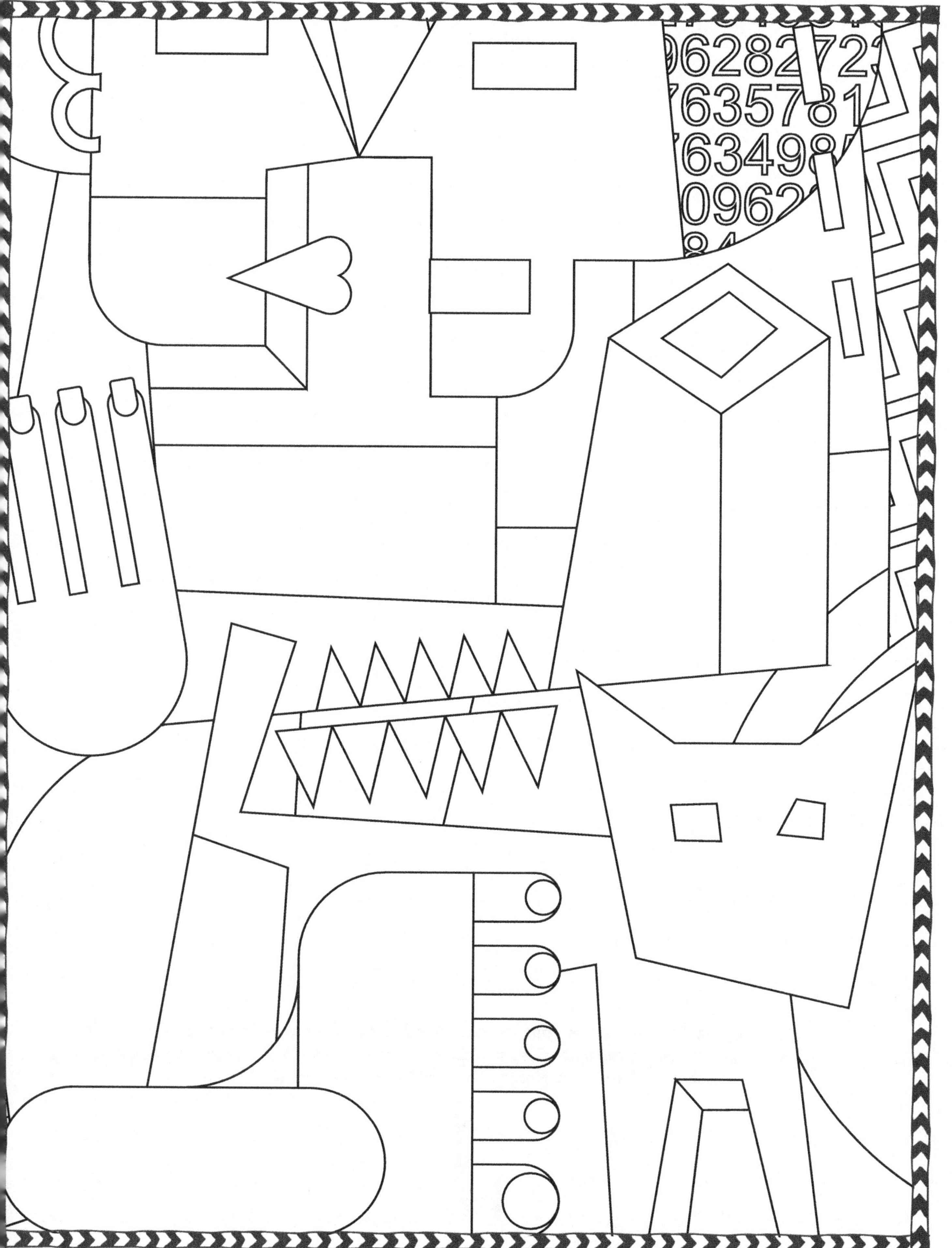

9628272
763578 1
76349 8
09 62
8 4

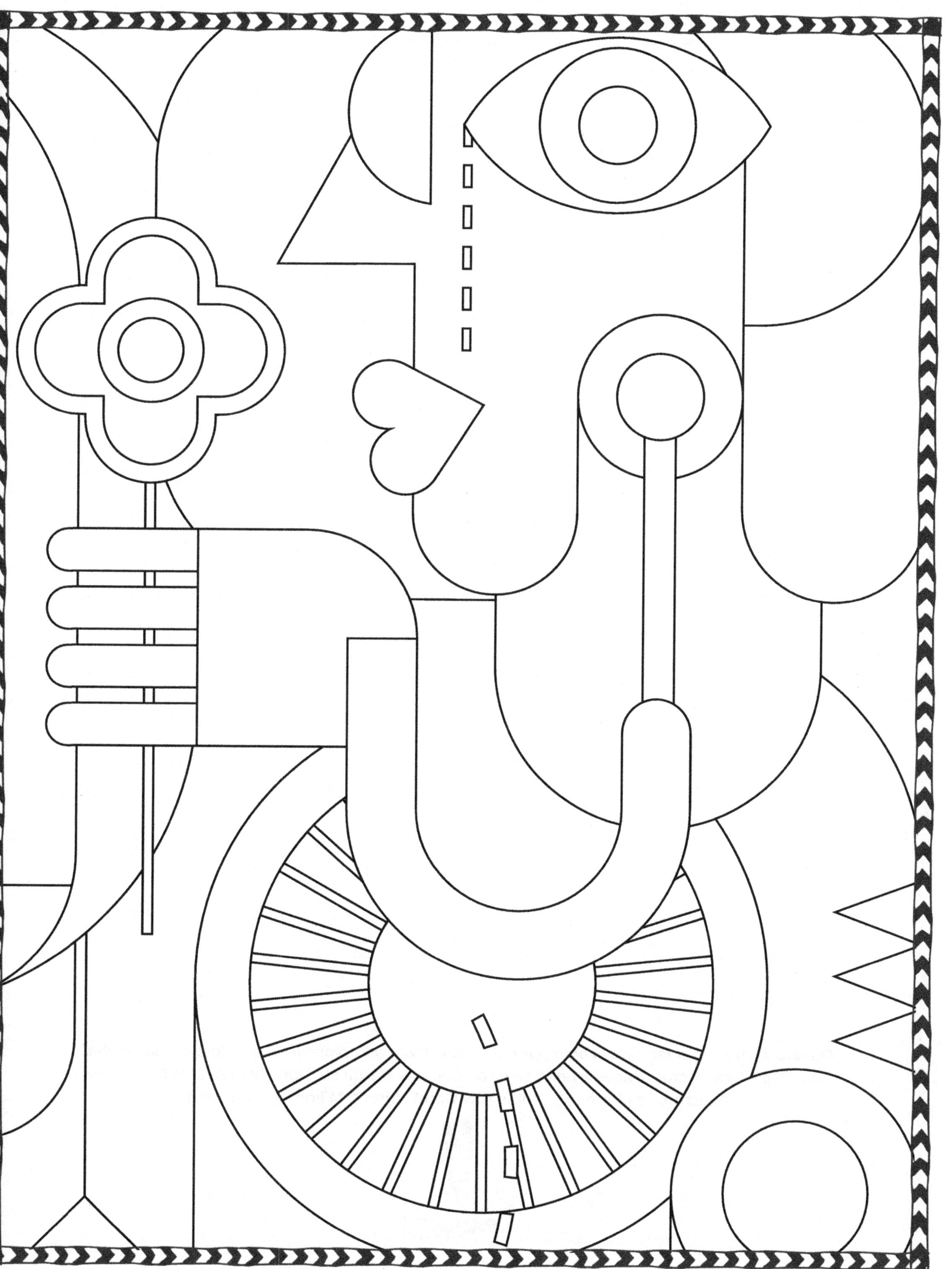

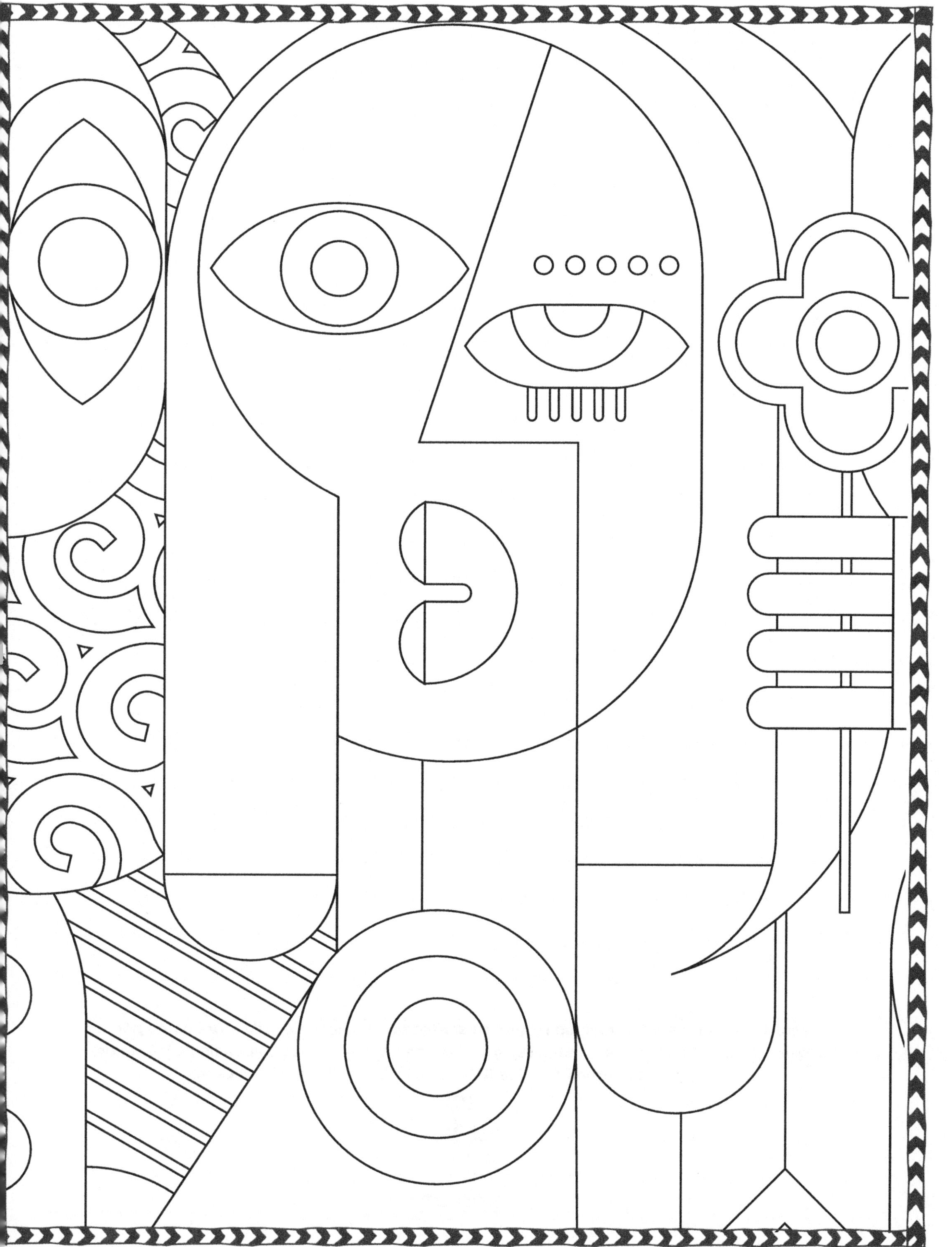

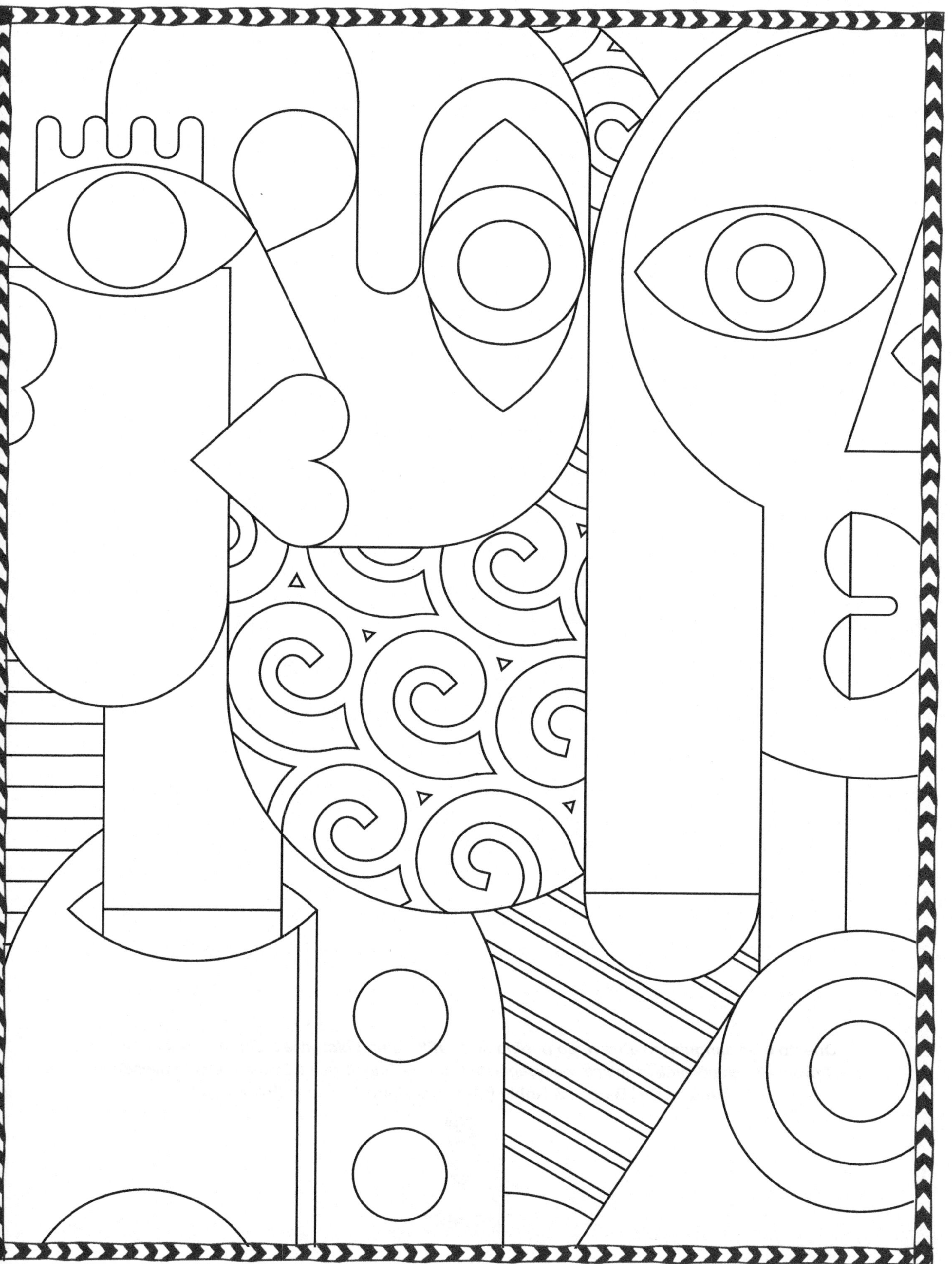

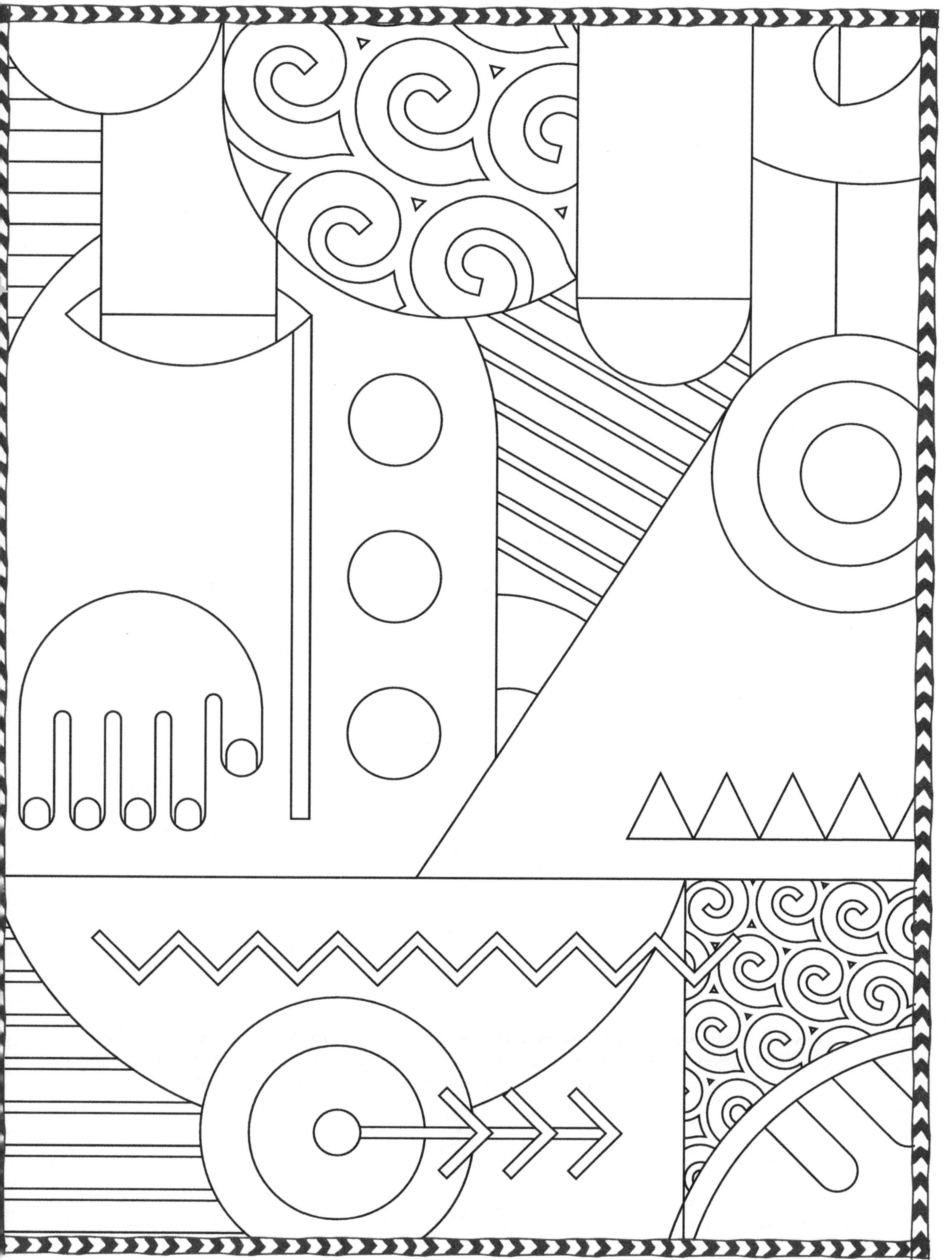

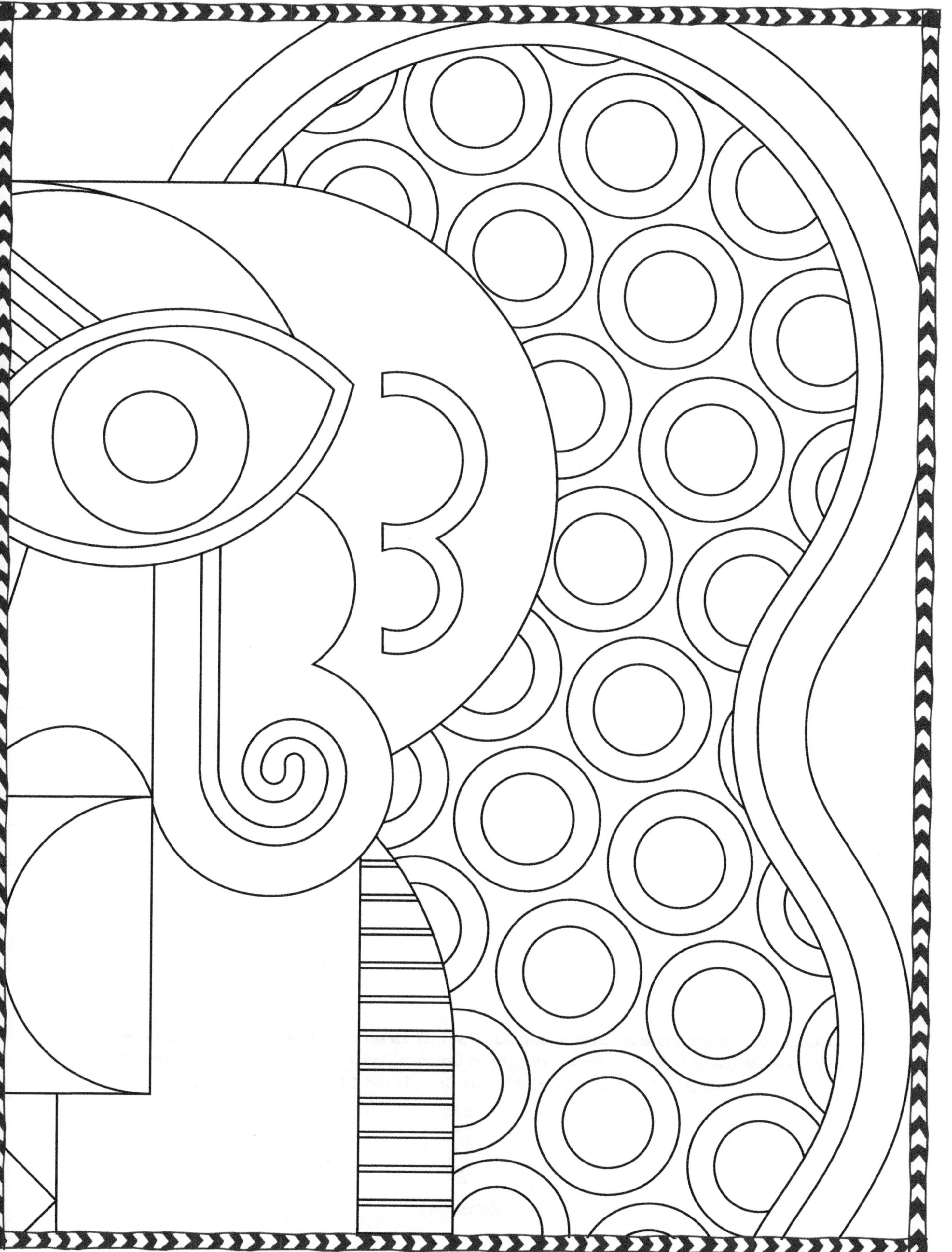

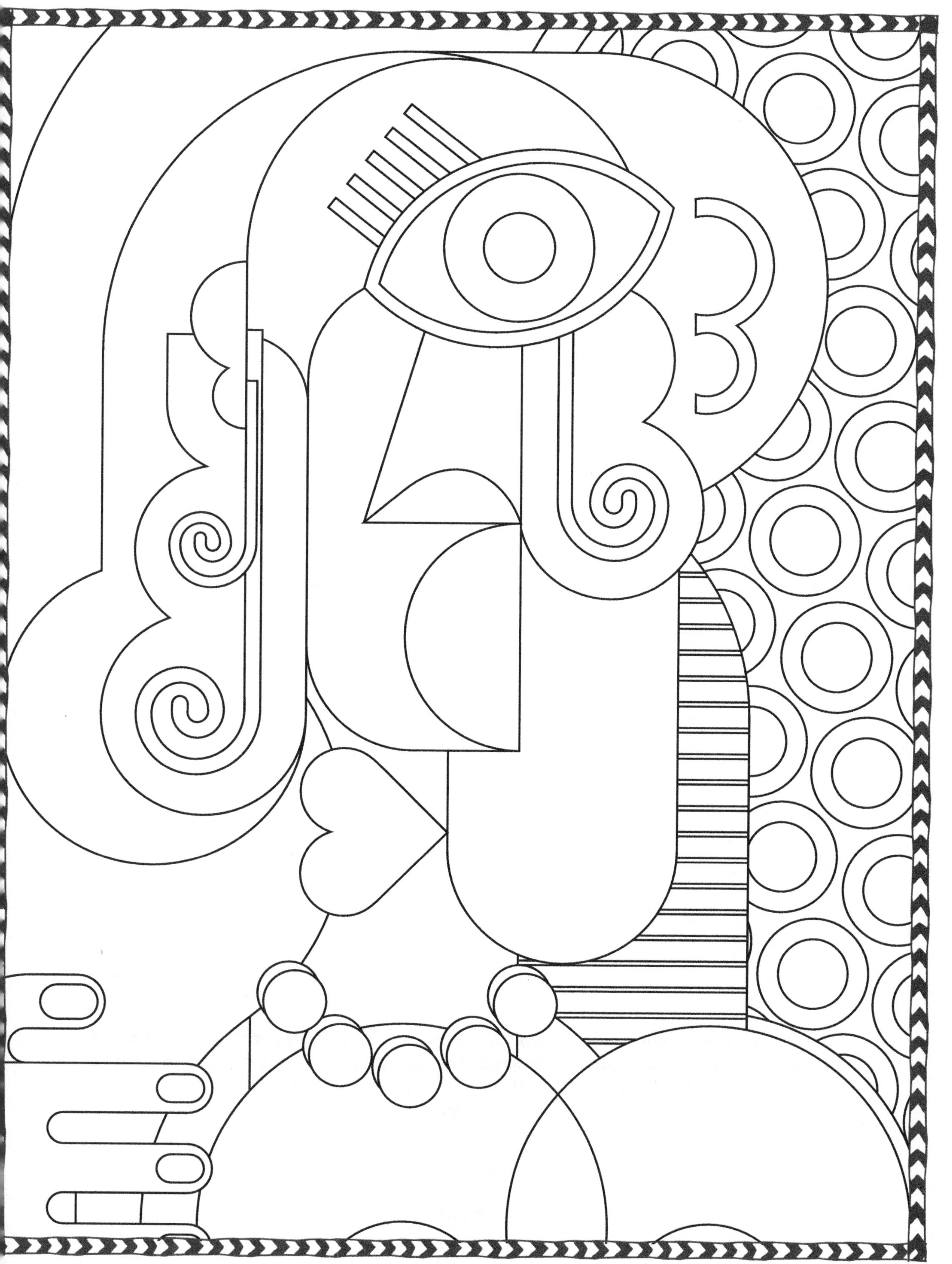

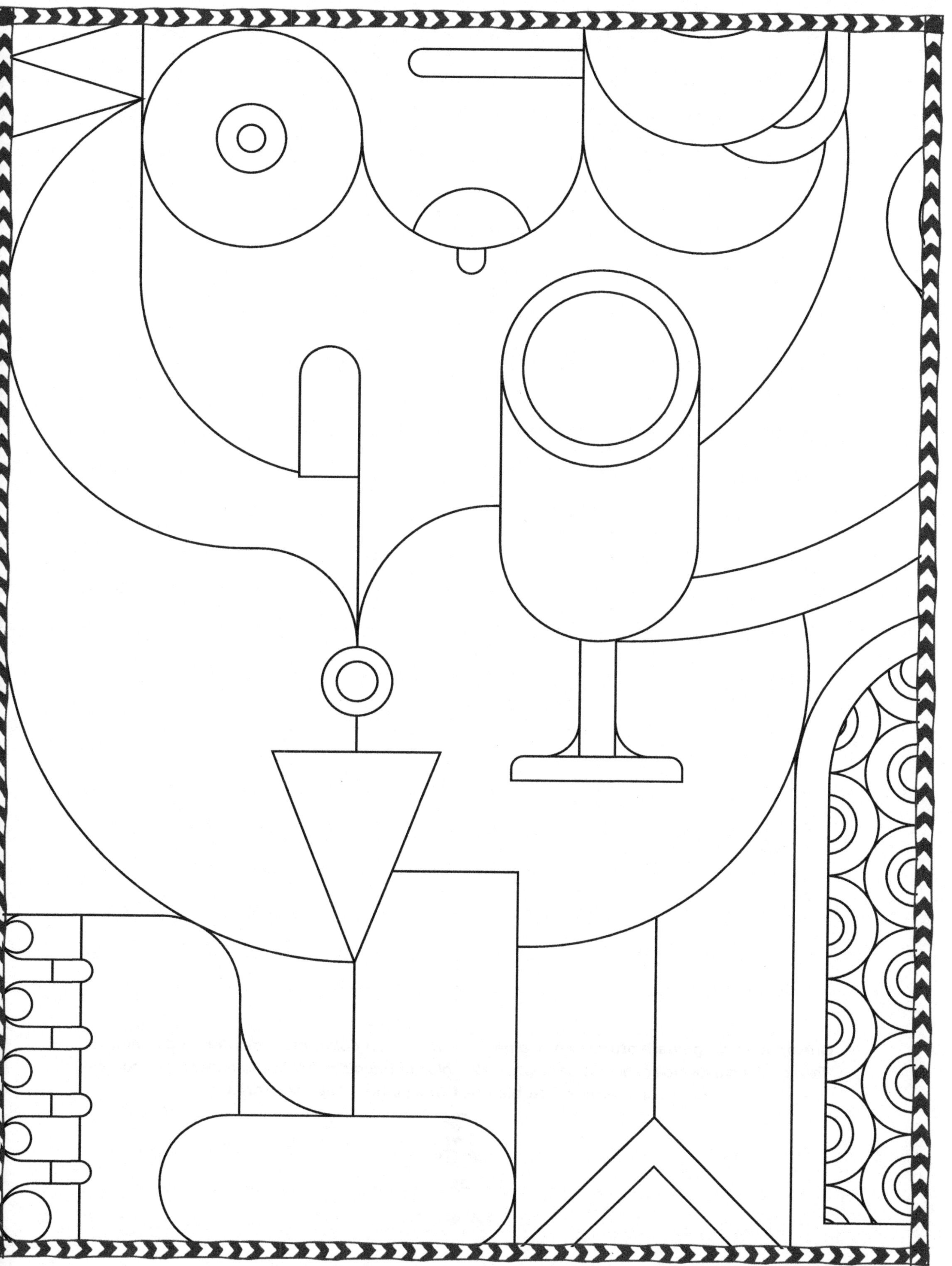

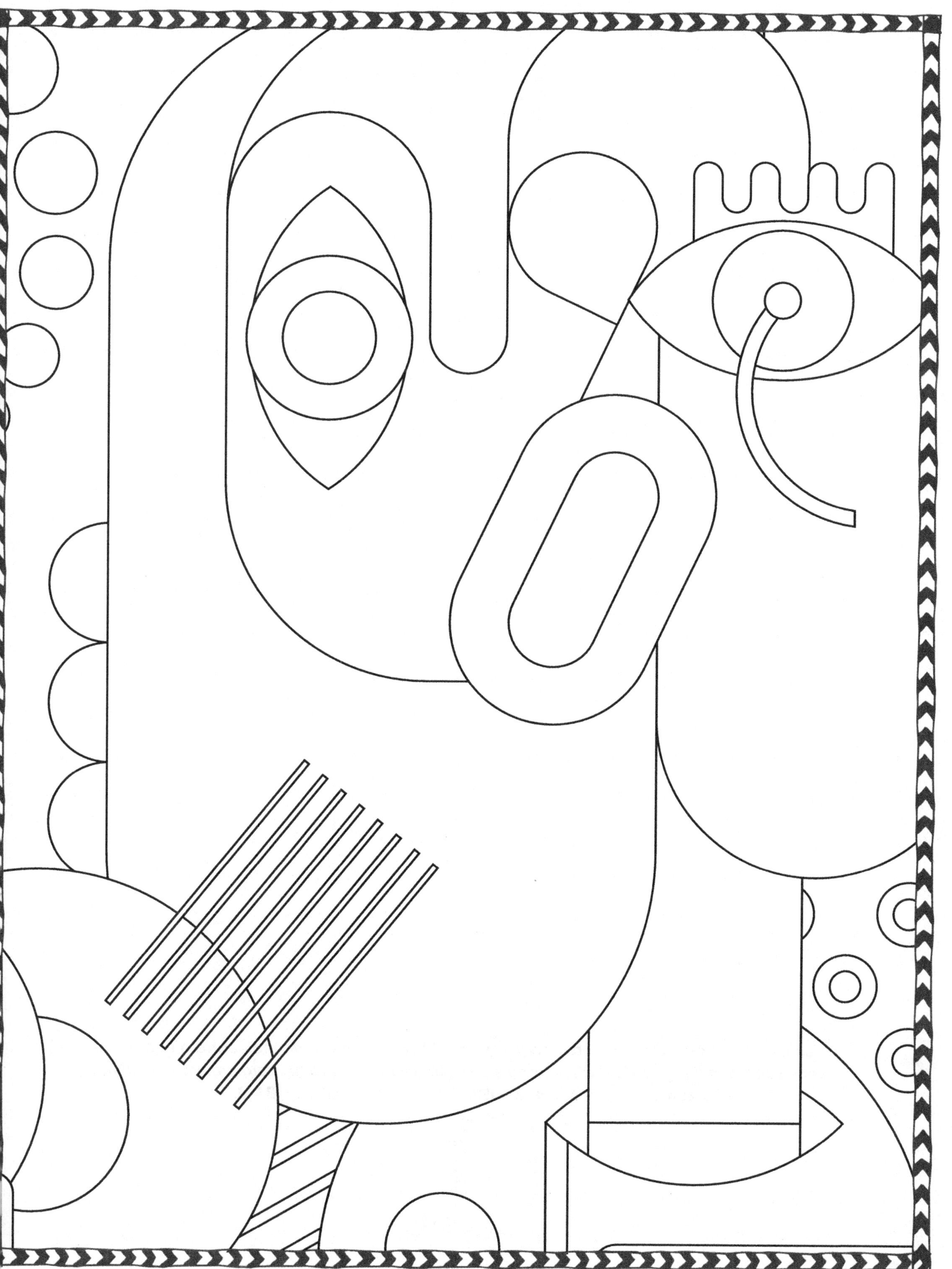

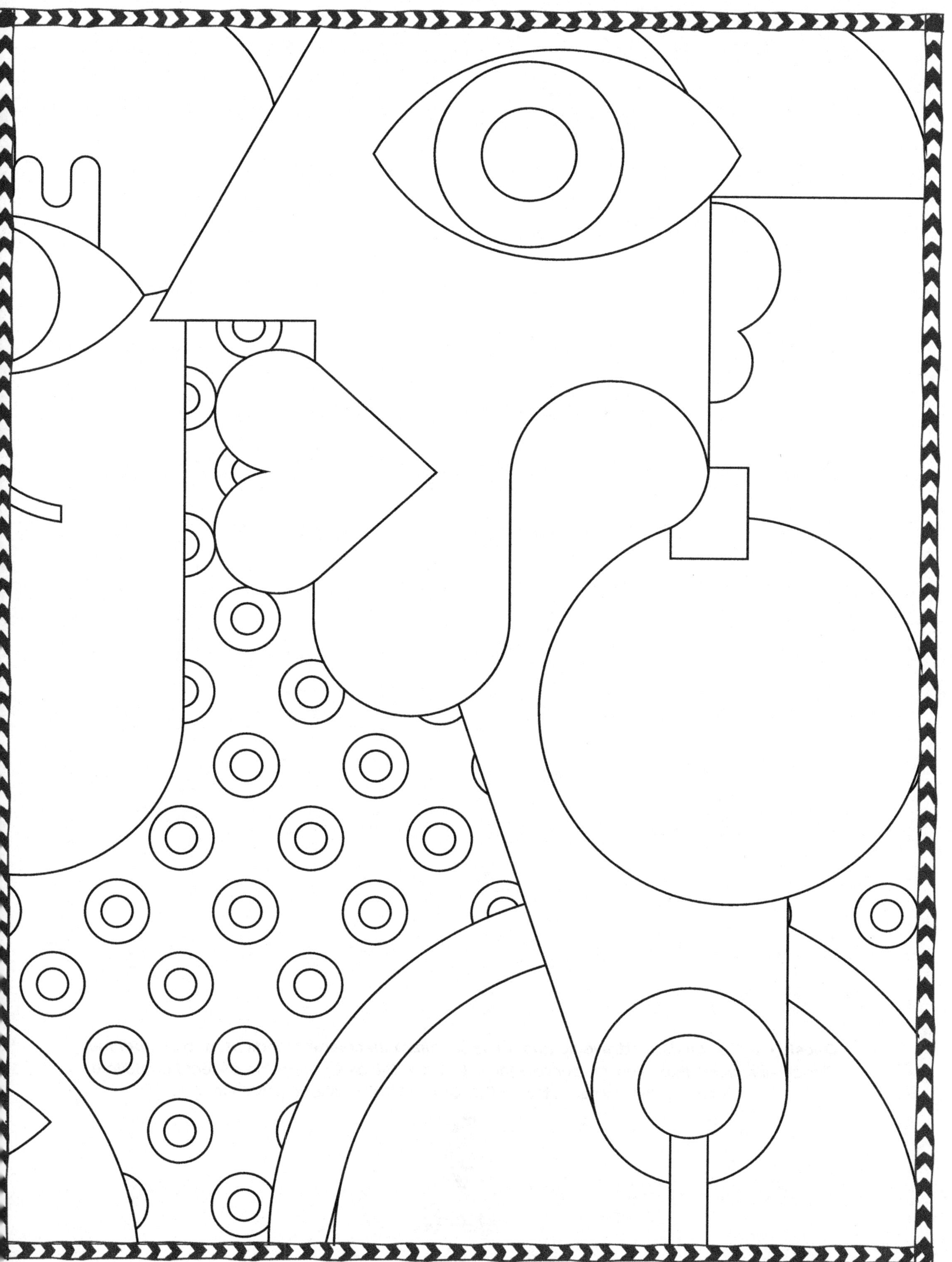

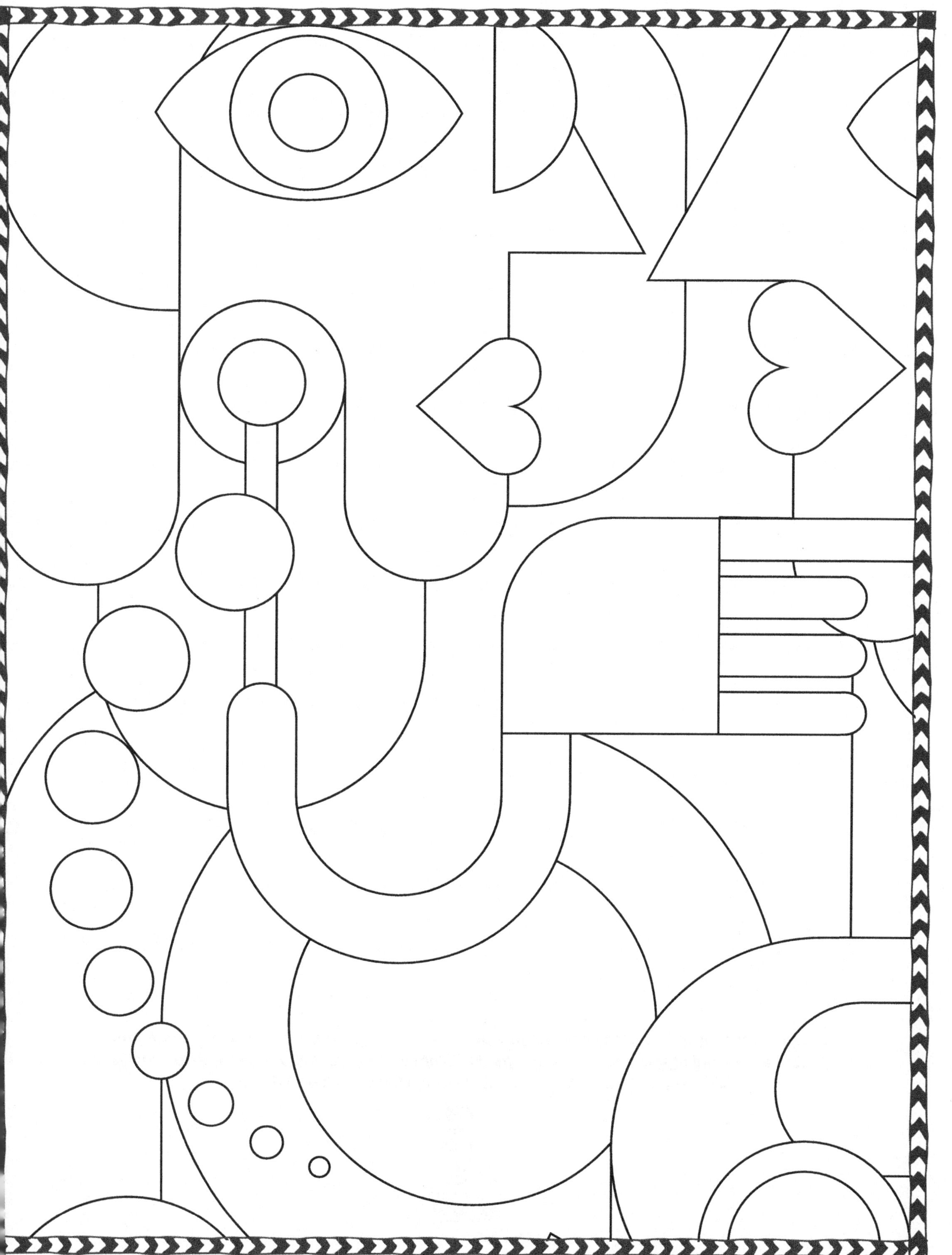

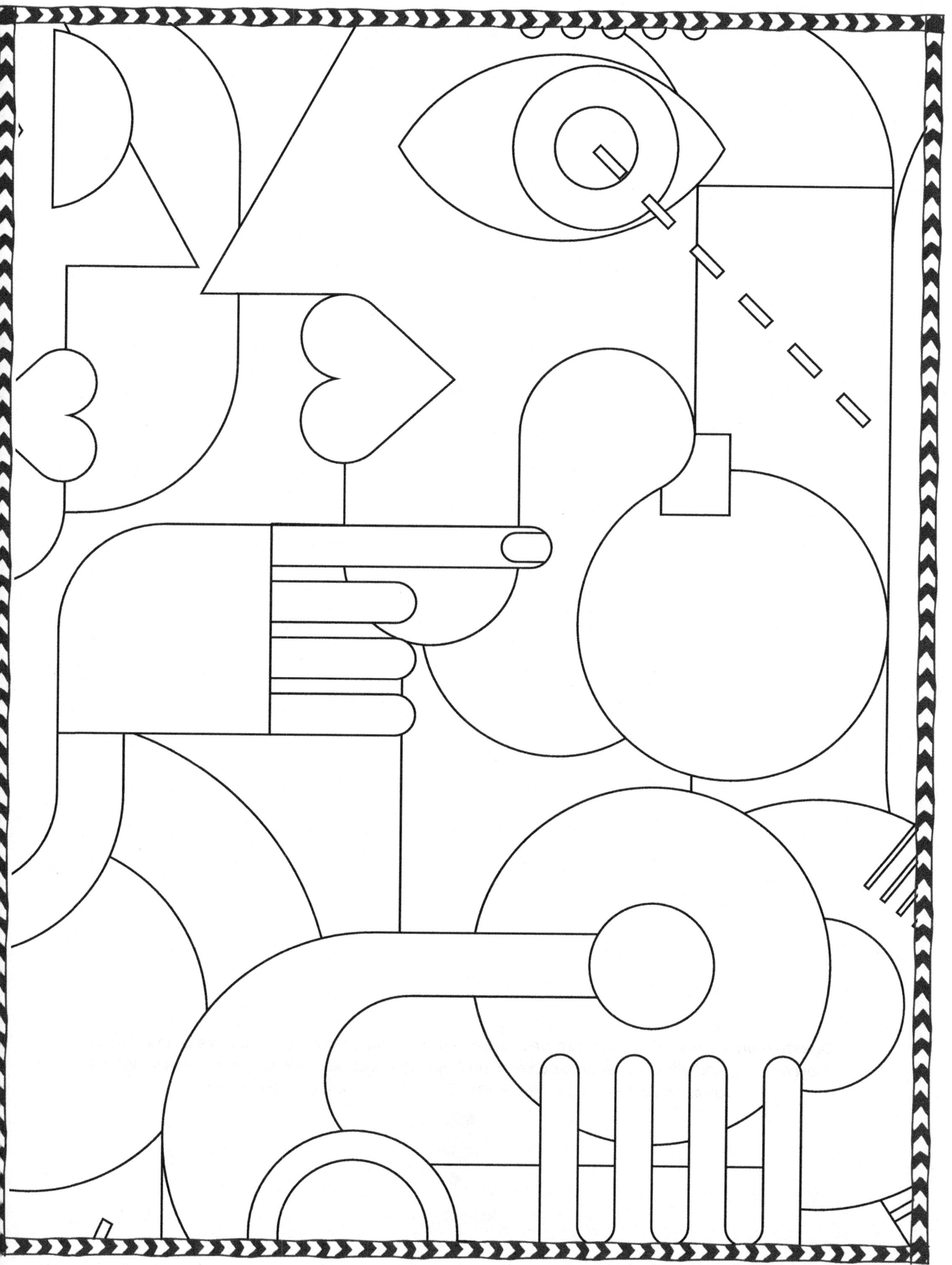

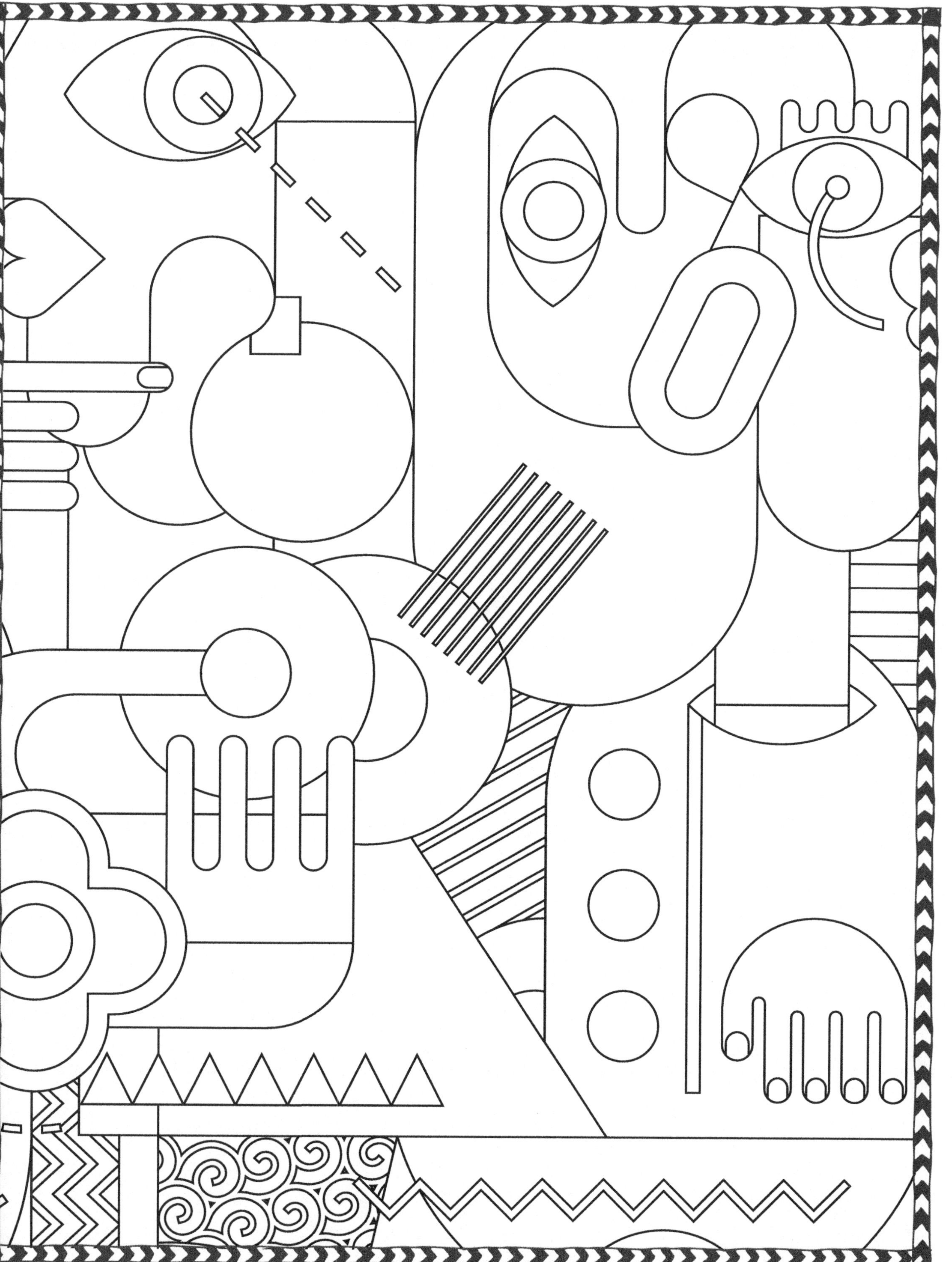

Made in the USA
Monee, IL
07 July 2026

56545366R00059